BoD

Der Emil, ein durchaus feinsinniger aber nicht gerade erfolgreicher Zeitungsreporter aus dem Ruhrpott, und von dort kommen auch die meisten seiner ziemlich proligen Freunde und Bekannten, soll für die Zeitung merkwürdige Vorgänge im Urlaubsort Bibione untersuchen, quasi Urlauber und verdeckter Ermittler, und in Bibione treffen sich der Emil und sein gesamter Bekanntenkreis jedes Jahr, denn Bibione ist für sie DAS Urlaubsparadies, die meisten von ihnen waren dort schon mindestens zwanzig Mal, der Emil noch viel öfter, und plötzlich geraten alle im vermeintlich vertrauten Bibione in einen Tsunami von spukhaften Ereignissen, und sie begegnen später internationalen Großfinanzspekulanten die untereinander sektenhaft organisiert sind und sich Glashandspieler nennen, und ihre Spekulationsspielchen nennen diese unheimlichen Börsianer Glashandschach, und sie begegnen schon bald den nanokleinen Veganossi, nanokleinen Außerirdischen, von denen einige dämonisch, einige aber auch DIE GUTEN sind, und die Veganossi schlüpfen in menschliche und tierische Körper und verleihen ihren Wirten geradezu außerirdische Fähigkeiten. Sind die Guten im Körper, bekommt der Wirt knallrote Haare, kann sich selbst nanoklein machen und spricht plötzlich eine Vielzahl von vorher nie gelernten Fremdsprachen. Sind die Bösen im Körper, und das sind sie vorzugsweise bei den Glashandspielern, dann erkennt man sie meist an einem anhaltenden unnatürlichen Grinsen, dem *Joker*. Einige aus Emils Bibionebekanntenkreis haben Hunde, und die können sprechen. In Bibione beginnen zwar die merkwürdigen Ereignisse mit den Veganossi, den Glashandspielern usw., aber diese Ereignisse führen den Emil und seine Bibionefreunde schon bald in ein unheimliches süditalienisches Gebirgsdorf, in dem der Emil bereits viele Jahre zuvor gemeinsam mit seiner Reporterkollegin Judy für die Zeitung recherchiert hat, und wo sie dann auch auf die Glashandspieler gestoßen sind, und gemeinsam mit den Veganossi und den sprechenden Hunden Jacko, Marc-Aurel, Joschi usw. erleben eingefleischte Bibionefreunde jetzt einen Tsunami des Wahnsinns, den man etwa so zusammenfassen könnte: Kein Politwahnsinn mehr, Kein Religionswahnsinn mehr und keine Bankenkrisen mehr. Und immer Urlaub in Bibione. Mit Hilfe der nanokleinen Veganossi rückt die Rettung der Welt endlich in greifbare Nähe.

Lothar Schenk wurde 1954 in Borken geboren und lebt in Kirchanschöring.

Lothar Schenk

Bibione

Satirische Erzählung

Books on Demand

**Ausführliche Informationen über den Autor
und seine Bücher finden Sie auf seiner
Website
lothar-schenk.jimdo.com**

Umschlaggestaltung und Bilder:
© 2012 Lothar Schenk

Herstellung und Verlag:
BoD – Books on Demand, Norderstedt
ISBN 978-3-8482-1484-6

1

Also dieses Jahr. Der Urlaub steht unter keinem guten. Überleg mal vorher. Was schon alles bei denen. Kein Problem? Klar. Du sagst wie oft ist wichtig. Jetzt wart mal. Also der Emil. Mindestens dreißig Mal. Nicht nur paar Tage. Das bringt nämlich gar nichts. Aber jetzt pass auf! Immer die Galle und die Fettleber, sagt der Arzt, aber nicht die Leber. Doch der Emil dass er kein Mädchen und: Italien ist ja EU und Norditalien noch näher, fast schon Südtirol, also am Meer, was soll da die Galle und die Fettleber? Klar, oder? Einige Risiken schon. Denk mal Sommer. Schön heiß und der Sand, also die Füße, wenn du zwischen den Liegen. Aber: Die Schirme und das Wasser und immer schön einschmieren.

Und jetzt die dicke Jenny. Seit einer Woche arbeitslos, also die mit dem schwulen Pikinese, der Joschi. Die Jane, also die Schwester von der Jenny, ist schon drüber. Hartz 4. Aber da gibt´s ja Kurse, und die Jane macht grad einen, dass sie danach den Computer besser anschalten. Schon über drei Monate bei der Volkshochschule, aber viel lernen meint sie: ich weiß nicht. Die Jenny kriegt ja voll, was dann in dem Jahr gut reicht weil sie zusammenwohnen, die Jenny und die Jane, nur der Zeitpunkt, also wegen dem Urlaub, wegen dem verflixten Kurs, sagt die Jane, aber da hat die Hausärztin schon gemeint krankschreiben für drei Wochen. Das Auto vielleicht noch, aber da können sie ja mit dem Flugzeug oder dem Zug, also nicht extra herrichten und neuen TÜV.

Und der Hubert? Na ja. In dem Jahr die Schule. Total anders! Also die Ferien. Die Daisy ist ja Frührentnerin. Biologielehrerin. Der Schulbus mit voller. Also von vorne. Hat lange gedauert aber jetzt. Das Gesicht! Heute hat die Daisy den Jacko aus der Klinik, Englische Dogge, unkastriert, weil die Daisy und der Hubert totale Pazifisten, also kastrieren ist Gewalt. Hat viel gekostet aber jetzt geht´s wieder. Ach so. Und dass der Jacko immer so viel kotzen musste, dass sie schon meinten Gift, aber war nicht. Die haben dem Jacko da schon oft geholfen, denk mal damals, als der große Hund den Jacko, aber der war gar keine läufige Hündin und das hat bestimmt ganz schön weh getan und hat ordentlich. Aber jetzt zum Urlaub. Das ist ja ganz schön blöd, hat die Daisy gemeint. Also dieses Jahr die Ferien. Aber dann hat der Hubert einen Trick, denn mit der Fortbildung und den Ferien geht´ s dann doch mit dem Urlaub.

Die Morgana. Also ich glaub die stellt sich die ganze Sache. Ist doch klar. Zum aller ersten Mal und dann mit dem Twingo. Gut, Schiebedach, aber sonst. Früher war sie mit dem Hans-Dieter. Der ist bestimmt auch unten. Aber mit dem ist sie ja nicht mehr, also seit cirka fünf Monaten. Und der Hans-Dieter ist ja früher sowieso immer alleine. Deswegen war die Morgana ja noch nie, aber dafür in dem Jahr, und ohne.

Und jetzt wird´ s spannend! Die Zwillinge aus Essen haben schon gebucht hat der Hertenhubert am Telefon, also die blonde Ellen und die blonde Marianne. Klar, oder? Also der Willi und der Hubert, also der Hertenhubert, sind die Zwillinge aus Herten, nicht der Lehrer.

Der Emil. Der ist ja bei der Zeitung. Und der soll jetzt plötzlich diese Reportage. Also nicht nur das Wasser, aber das ganz besonders. Also der Emil: Urlaub und immer auf der Lauer liegen. Bibione! Hat sich was mit der Strömung, oder nur die Algen? Also irgendwas wissen die mehr als der Emil, aber der ahnt schon. Wieder wie. Ich sag nur: italienische Bergdörfer. Und die rechten Hände. Der Emil hat sie ja nicht, also dass die fehlen oder denen, das weiß er alles nur von der Judy, aber die ist ja seit Jahren. Also der Emil hat ja damals kräftig mitrecherchiert, nicht nur die Judy, bloß gesehen. Und natürlich die Hunde.

Die Daisy und der Hubert, eigentlich ja zuerst der Vater von der Daisy, und dann der Emil, der glaubt das auch: Die Hunde können sprechen! Der Jacko: Englisch, Deutsch und Italienisch. Der Marc-Aurel sieben, italienischer Bergdorfhund, Mastino, also der Freund vom Jacko und vom Joschi. Wie war das denn beim letzten Mal? Genau! Nordamerika und der Gemüsebomber. Und der alte Schotte. Der Trapperspieler. Zurück Fischbomber. Und der Joschi bei den beiden schwulen Indianern. Und die haben ihn Daisy, aber nicht lange. Flucht! Im Flugzeug. Und jetzt wieder Joschi und wieder bei der Jenny.

„Also noch mal Emil. Du glaubst wirklich dass der schwule Miniflokati von der Jenny und der sabbernde. Na wie heißt der? Genau! Der Jacko! Der von der Daisy und dem Hubert. Also die waren ja immer schon. Aber du? Du glaubst im Ernst. Also die Hunde. Dass die sprechen können. Übrigens. Noch was. War eigentlich die Daisy schon wieder beim Gesichtschirurgen? Ich meine Schulbus und dann Frührente. Die sieht doch verboten. Also lachen. Wie der *Joker*. Also der *Jack Nicholson* im *Batman*."

Mal ehrlich. Also was der Henry den Emil gerade wegen der Hunde. Ich meine Sprechen. Du würdest das auch nicht, oder? Aber pass auf! Die Amerikastory. Und denk mal dieses Jahr. Also Bibione. Ich meine kommt ja alles erst noch. Aber rat mal!

2

Also der Kaftanfreddy. Schon unten, aber vorher immer Marokko. Klar, oder? Und der Ingo 1, also nicht der Zementwerk, der Lastwagen. Der Ingo 2, also der Zementwerk, kommt nämlich erst nächste Woche. Aber jetzt die Pizza. Also der Ingo 1 hat die große Staggione. Und unterm Tisch der Hund vom Kaftan, Analphabet, Zwergpudel. Also der Kaftan hat die Margarita. Auch die große. Du weißt schon. Die mit der vielen Wurst. Die ganze Promenade voll. Bibione im Hochsommer, abends aber noch nicht dunkel. Und dann fällt der Kaftanfreddy vom Stuhl. Tot! Also: Der Ingo 1 und der Wirt die Rettung. Dauert natürlich zu lange. Und der Pudel ist weg. Macht aber nichts. Und dann die Carabinieri und die Leute. Und dann der Leichenwagen. Danach ist wieder Ruhe? Denkste! Am nächsten Tag!

Zuerst der Emil. Dann die Zwillinge aus Essen. Und dann die Zwillinge aus Herten. Und die Daisy und der Hubert mit Hund. Und die Jenny und die Jane mit Hund. Und dann die Morgana mit kaputtem Twingo, rechte Tür und vorne, Autobahn. Und der Henry. So. Hotel und Camping super. Handy: Wir sind da! Wir auch! Ich auch! Alle. Abends Promenade. Erst Eis. Dann Treffen. Alle beim Italiener wo gestern. Also der Kaftan. Alter

Schwede! Nach der großen Margarita! Also alle total schockiert. Und beim Emil geht die Story los.

„Der Esel!"

„Was für´ n Esel?"

„Der Pizzaesel!"

„Wie Pizzaesel?"

„Ja der Wurstesel!"

„Wurstesel?"

„Ja! Pizza. Der Kaftan. Große Margarita. Tot! Klar, oder?"

„Ne! Nicht wirklich."

Jetzt die Daisy. Also der Emil: Esel. Die Jenny: Ne! Nicht wirklich. Und die Daisy: Schwein oder Rind, also kein Esel, aber: Vielleicht doch. Und jetzt du! Also ich glaub Schwein. Der Speck! Da versteckt sich, also riech doch mal, die Umwelt und das ganze Gift. Niemals der Esel! Der wohnt doch im Gebirge.

Und der Strand! Also das Meer. Nein, völlig. Nicht das Meer. Die Lagune. Aber nicht die. Etwas weiter, schreibt die Zeitung, aber nicht genau, nur die alte Röhre. Und nicht die Algen. Also ich. Denen würde ich. Und der Emil auch nicht. Da sind nämlich noch die Allergischen, also die roten, aber nur oben. Also Gesicht, Oberarme und so. Nein, aufpassen! Die Haare. Die auch, weil die jetzt nämlich auch alle rot. Und die Ärzte: Macht nichts beim Baden, nur nicht so lange und mehr Schatten, also Leuchtturm und dann mehr Pinien, also wenn nackt dann ja sowieso, und eine Woche die Blauen. Nicht die! Die anderen, auch wenn die fast genauso, also die Farbe. Einige auch eine Spritze und Tabletten, und nur ein kleines Mädchen eine Spritze, eine Infusion und Tabletten, also. Aber jetzt pass auf! Der Emil. Der kennt nämlich den Jovanni, und der. Also der Apotheker. Der hat doch das große Labor. Also die Untersuchungen. Also das Wasser. Das macht alles der Jovanni.

„Was hast du denn da?" Der Hund! Ist doch klar der Unterschied, oder? Das klingt doch. Denk mal, was sonst. Also die Beine. Zwei zu Vier: Wo kommst du denn her? Oder: Bei Fuß! Oder: Brav! Sitz! Oder?

Die Hunde. Also der Marc-Aurel fragt den Jacko: Was hast du denn da? Und der Joschi. Und die Peggy, der Pudel vom toten Kaftan, seit heute mit im Team und Unterricht am Strand, der Marc-Aurel: erst mal nur Italienisch. Und der Kopernikus, also der schwarze Dackel vom Jovanni. Der Jacko hat also was gefunden. Aber was? Wart noch, später! Kein Zweibein schenkt dem Fund, dafür den Vierbeinen um so mehr, aber die sind schön schnell: also weg vom Strand, Pinien, Gebüsch, volle Deckung, usw. Der Marc-Aurel ist mit der alten Gräfin. Villa im Nachbarort. Und jetzt kann´s losgehen!

3

„Kuck mal die Kleine!" „

„Wo?"

„Ja da! Am Wasser. Der gelbe Badeanzug."

„Die so hinkt?"

„Ja genau. Die aussieht wie."

„Aber kuck mal, der. Wahnsinn! Feuerqualle? Und die Arme. War die nicht gestern noch? Vielleicht hat sie sie?"

„Nein, das gibt's ja. Also niemals. Auch kein Frisör, also. Das Rot nicht!"

„Und dann?"

„Keine Ahnung. Ich leg mich lieber. Da vorne. Die große Pinie."

„Ich komm mit."

Und wer liegt schon unter der großen Pinie und filmt? Genau! Der Emil mit der Cam und hat alles drauf. Meer, Strand, Gespräche, alles. Und die Daisy und der Hubert: im Wasser. Und die Anderen, usw.: Strand, Schoppen, usw. Und der Jacko, usw.? Na ja. Sagen wir streunen. Aber ich. Also bestimmt machen die ganz was. Und plötzlich hat der Emil. Also ich glaube die Kamera und die große Pinie am Strand. Deja-vu! Das ist doch genau die gleiche Pinie! Der alte Schlucker: Super 8. Und die nackte Daisy: Badetuch. Und der nackte Emil: vorher, Pinie, Badetuch. Also pass auf! Die Daisy und der

Emil. Da ist noch ganz viel Spannung. Ich meine beim Frühstück und so. Also zwischenmenschlich negativ zwischen denen. Noch von Damals! Also die Pinien- und Badetuchstory. Aber Geduld! Die kommt noch.

Jetzt erst Mal der Ingo 2: Wohnmobil. Falsch: Jumbojet. Passt um keine Kurve. Da muss schon die Landebahn direkt zum Strand. Also: Campingplatz. Und beim ersten Parkversuch gleich Volltreffer. Und gleich Strand. Also der Ingo 2 ist paar Tage früher und hat schon gehört: Der Kaftan. Und abends? Promenade. Erst Eis. Dann Treffen. Alle beim Italiener. Und dann die Daisy. Badeunfall wie die anderen. Also knallrot. Aber nur oben. Kopf, und so. Und: knallrote Haare. Also: dunkelrotes *Joker*-Face, dunkelrote Arme, knallrote Haare. Aber kein Hut. Ich meine sonst. Fast wie der Freddy. Nein! Natürlich nicht der Kaftan. Der *Krüger Freddy*. Klar, oder? Und der Hubert starrt entsetzt. Also der Blick vom Hubert. Wohl weil die anderen nicht, und nur die Daisy. Und der Ingo 2: die große Margarita. Und dann? Klar, oder? Also ich. Aber wahrscheinlich hat ihn niemand. Oder wieder vergessen. Jedenfalls fällt der Ingo 2 nach genau. Weil der Emil hat nämlich vorher rein zufällig auf die Uhr. Also. Nach genau zwanzig Minuten Margarita fällt der Ingo 2 vom Stuhl. Tot! Und dann: Der Ingo 1 und der Wirt die Rettung. Dauert natürlich zu lange. Und dann die Carabinieri und die Leute. Und dann der Leichenwagen. Und dann: Entsetzen! Eigentlich schon vorher. Und dann verlassen alle die mörderische Pizzeria. Und der Emil mit der Cam. Der hat natürlich alles aufgenommen. Und die Hunde. Die haben schon einen Verdacht.

4

Der Ausflug. Jedes Jahr der gleiche. Und dann nach dem Urlaub die Videos in Essen, Herten, usw. Natürlich mit Beamer. Dazu Bier und belegte. Ach so: Schnaps auch. Also: Bibione. Grado. Aquileia. Cividale. Dolomiten. Bis nach San Daniele. Der Schinken! Also: Altstädte, Bauernhöfe, Wurstfabriken, Weingüter, Destillen. Viel essen. Viel trinken. Wandern. Eintägige Busreise. Ohne Hunde.

Die Camper. Die Nacht war keine Gaudi. Die Carabinieri. Die wollten nämlich den Jumbo vom Ingo 2. Also einmal den ganzen Camping, aber fahren, zu schwierig. Also abschleppen und anstoßen. Die ganze Nacht.

Und die Daisy ist nicht mehr rot, auch die Haare, dass der Hubert staunt wie schnell.

Und die Jenny ist jetzt mit dem Ingo 1. Ich glaube die Jane auch, obwohl.

Und der Emil? Viel recherchieren. Kaum schlafen. Klar, oder?

Der Willi und der Hubert, also der Hertenhubert, die haben mit dem Jovanni. Also der Apotheker. Schwierige Sache, das mit dem Wasser und so, glaubt der Jovanni.

Und die Zwillinge aus Essen, also die blonde Ellen und die blonde Marianne, die glauben seit dem Kaftan an gar nichts mehr, haben sie.

Und die Morgana ist jetzt mit dem Ringo. Frisch rasierte Glatze. Rostock und Fußball. Hat den Henry schon zweimal, weil der Bremen. Aber der Henry ist Gerüstbauer, und da hat der Rostock überhaupt keine.

Dass die Hunde schon unterwegs denkt niemand. Schwarzfahren! Der Kopernikus kennt sich aus. Lastwagenladefläche ab Bibione. Der große Lebensmittel. Mit Anhänger. Unbemerkt. Dann Zug. Bis ins Gebirge. Auch unbemerkt. Und sind sogar früher in San Daniele als die Anderen. Auch unbemerkt.

Vorher noch: Die geheimnisvolle Wurstfabrik! Die kleine Peggy und der schwule Joschi lenken den Pförtner. Und die Anderen? Vorbeischleichen! Klappt. Und dann? Die Schweine. Und: Ein rostiges Rohr. Richtung Fluss. Und der? Richtung Lagune. Und jetzt kommt´ s! Die Schweine. Dialekt! Der Marc-Aurel und der Jacko. Also die verstehen das Meiste. Einige Schweine sprechen etwas anders. Wie Osten. Und dann italienische Salami? San Daniele Schinken? Also ich hätte. Und du? Also mein erster Gedanke: Maffia! Aber: Warum Dialekt? Also die Schweine. Und warum Osten. Und die Hunde: Alles volle Deckung. Nur beobachten. Also keine Kontaktaufnahme mit suspekten Dialektschweinen. Belauschen. Fabrikgelände. Alles erkunden. Also unbemerkt.

Das Rostrohr. Mündet unter Wasser. Äußerlich unauffällig. Also das Flusswasser. Kleine Schiffe tuckern vorbei. Und ein Kampfhund. Der vom Pförtner. Der kommt nämlich angerannt und der Pförtner. Und die polierte Doppellaufflinte glänzt in der Sonne. Und dann ätsch daneben die kleine Peggy und der Kopernikus und verschwinden im Gebüsch. Und dann schnell über den Fluss. Die anderen sind schon drüben.

Und jetzt der Bus. Also Altstädte. Hochsommer. Prall. Dann Weingüter. Und zwei Wurstfabriken. Und zwei Destillen. Und danach? Klar, oder? Der Busfahrer. Italienische Folklore und die Stimmung noch mehr. Und dann der Rostockringo. Das *Horst Wessels Lied*. Und der Hubert mit dem Handy die Carabinieri, da kennt der Hubert keinen. Und dann die Carabinieri den Rostock raus und die Morgana. Und dann der Bus weiter und die Stimmung auf Null. Und dann San Daniele und fast alle Schinken. Fast. Der Hubert und die Daisy: Wandern.

5

Die Ermittlungen sind beendet. Kein Gift in der Salami. Die Margarita war es nicht, sagen die Carabinieri. Vermutlich natürlicher Tod, der Kaftan und der Ingo 2. Auch das Wasser nicht, also das Meer, da ist gar nichts nachweisbar, sagt der Jovanni, vielleicht die Algen, aber harmlos.

Der Rostock ist mit der Morgana im Twingo. Und nie wieder Bibione und wegen der italienischen Polizei und so. Und erst mal bayrischer Wald und dann weiter.

Die Anderen sind den ganzen Tag. Also Strand. Baden. Und nichts passiert.

Und abends? Promenade. Erst Eis. Dann Treffen. Alle beim Italiener. Natürlich der große lange, wo alle. Aber diesmal nur die Frutti, also die große Meeres, nicht die Salami. Und die Stagione. Und zwei Dicke. Also eine Dicke und ein Dicker. Einige Tische weiter und unbekannt. Und beide die große Margarita. Also ich. Und dann fällt der Dicke vom Stuhl. Und jetzt du. Tot? Und jetzt kommt´ s. Nein! Total besoffen. Also Coma. Und dann die Dicke. Schreit und natürlich total schockiert. Also: Der Ingo 1 und der Wirt die Rettung. Dauert natürlich zu lange. Und dann die Carabinieri und die Leute. Und dann mit der Rettung ins Krankenhaus. Natürlich ist der Dicke am nächsten Tag gleich wieder draußen.

Urlaub! Also der dicke Otto aus Wuppertal und die dicke Inge, also die Freundin vom Otto, und dann gleich Leuchtturm, also Strand, und nackt, und der Ingo 1, die Jenny, der Emil und die Jane. Und der Emil die Cam und wieder die Pinie. Klar, oder?

Die Hunde sind weg. Seit dem Ausflug. Und die Daisy und der Hubert. Der Jacko! Und die Jenny und die Jane. Der Joschi! Und die anderen auch, aber etwas weniger. Also suchen und beunruhigt. Der Jovanni hat die Karte und das Hausboot, und dann der Hubert und die Daisy und der Jovanni und die Jenny. Von der Lagune und immer weiter flussaufwärts. Und der Ingo 1 kommt nicht mit. Neue Freundin! Und die Jane mit dem Emil, also viel recherchieren und so. Und die Anderen auch nicht weil Nacktbaden und so, also viel Strand. Und abends Promenade. Also. Erst Eis. Dann Treffen. Alle beim Italiener und keine Margarita.

6

Der Emil döst. Erinnerungen! Der Strand. Und die große Pinie. Und jetzt pass auf! Die Gebirgsdorfstory:

Also. Gegenlicht war noch nie meins. Die Augen. Ich sag nur: Bibione. Von allen Seiten. Nur Gegenlicht. Da rasiert man sich eine Glatze und wird danach nur noch von Männern angequatscht. Also ich. Sogar beim Eisessen auf der Strandpromenade. Der eine aus Oberhausen. Wie hieß der noch? Genau. Hans-Martin. Der Hans-Martin Hintermann. Und damals die Jenny mit dem fetten Pikinesen. Ich weiß noch ganz genau. Beim Italiener. Der Pizzaabend mit Horst, Hans-Werner, Josef Mayerhofer mit der rothaarigen Freundin, beide aus Linz, und die Jenny mit ihrem schwulen Pikinesen. Und dann kippte der ganze Tisch um. Weil der Pikinese sich nicht. Und der Mastino vom Nebentisch. Also der vom Giuseppe aus Verona. Ich sags dir.

Beim Nacktbaden sehen sie alle gleich aus. Wie italienische Bergdörfer. Die haben auch alle so was Gleiches. Die kleinen Autos. Alle älter. Und die alten Frauen. Alle in Schwarz. Und die Männer. Alle vor der Bar. Jeder hat einen Esel. Oder gleich zwei. Oder sogar noch mehr. Und der Hund scheißt auf die Straße und läuft weiter. Und der Mann belädt das

Dreirad und fährt. Und die alte Frau lächelt. Ein Traum? Nein. Donnerstag!

Dass sie den Emil ins Gebirge geschickt haben. Das war für den Emil keine Gaudi mehr. Da hört der Spaß auf. Aber wirklich. Da war der Emil schon an ganz anderen Storys dran. Und dann auch noch die Judy. Almen und Trecking waren noch nie seins. Weißbier schon eher. Aber wo gibt´ s das hier.

Sie sitzen vor der Bar mit der alten Holztür. Die neben der Dorfstraße. Die mit dem Blechtisch. Mit dem alten Stuhl. Der Mann ist gegangen. Sie setzt sich nicht. Sein Blick! Und sie geht weiter. Und jetzt kommt´ s. Der Fischhändler hat einen rostigen Lieferwagen. Und Plastiktüten. Es sind nicht viele. Sie haben es eilig. Sie stehen auf dem Platz vor der Kirche. Und die Bäume sind kahl. Neben der Dorfstraße. Oben.

„Bist du heute allein?"

„Ach so!"

Wo ist sie? Sie muss irgendwo abgebogen sein. Oder hineingegangen. Und dann: Eine Mundharmonika! Oder Geige? Mit jedem Schritt wird das mehr. Welchen Verrat kann ein Fischhändler begehen? Oder der Mann? Der grauhaarige Mann? Oder ein anderer Mann? Irgendeiner. In der Bar. Oder die Zigarettenfrau? Merkwürdige Gesichter! Als hätten sie sie nur ausgeliehen. Vielleicht aus irgendeinem Bild. Nicht selbst gemalt. Nur angemalt. Aber das vergessen sie bestimmt oft.

„Zigaretten bitte! Und ein Feuerzeug."

21

Der Fischhändler hat eingepackt. Keine Plastiktüten mehr. Jetzt sind andere auf dem schmalen Dorfplatz. Einige verlassen die Kirche. Schwarze.

„Mein Vater war im Lager. Das ist lange her. Der war auch Fischhändler."

„Noch einen Espresso!"

„Ich auch!"

Es nieselt. Aber nur kurz. Nur ganz wenige Tropfen. Einige treffen seine Zigarette. Sie geht nicht aus. Der Fischhändler steht auf. Und dann kommt´ s.

„Ich heiße Judy."

„Judy?"

„Ja genau."

„Und? Urlaub?"

„Wieso?"

„Ich hab´ dich hier noch nie gesehen."

„Doch!"

„Wo oder wann?"

„Beim Brunnen. Im Vorbeigehen."

Im Vorbeigehen. Gibt´ s denn so was, denkt der Emil.

Also ich persönlich. Nein. Ich hätte sie ja niemals angesprochen, obwohl. Ihre Augen! Nein. Nicht nur. Ihr nachdenklicher. Nein. Ihr trauriger Blick. Als müsste sie jeden Moment losheulen. Und rat mal was dann kommt? Dann kann sie sich schon vorher darüber amüsieren. Ist das nicht irre?

Der Emil verfolgt den Strich. Der ist kaum zu erkennen. Verwaschen. Genau. Der begrenzt sie.

Gegenüber. Und was macht er dann? Einfach Wahnsinn! Er lässt ihn ziehen. In Gedanken. Immer weiter. Bis sie schmaler wird. Zur Mitte hin. Leicht gewölbt. Hinter der Rechtskurve, gleich hinter dem schmalen Dorfplatz, gegenüber der Kirche, biegt er ab.

Sie ist auch mittags finster. Auch wenn die Sonne scheint. Haus an Haus. Alt. Uralt. Manche ganz schief. Sich entgegenbeugend. Als wollten sie sich mit ihren Giebeln berühren. Sie bewegt sich. Unsichtbar. Klar! Eine Stille.

Sie hat sich nicht umgedreht. Geht hinein. Er bleibt stehen. Ein Frösteln. Undefinierbar. Vielleicht zufällig. Er weiß es nicht. Die Tür steht offen. Er betritt, zögernd, einen Fuß vorsichtig vor den anderen setzend, einen langen Flur.

Hast du das Lächeln mitgebracht? Dein Lächeln. Oder hat es jetzt der Fischhändler? Oder die Tabakfrau? Warum fragt man sich das? Keine Ahnung, stellt er fest.

Im Ort kursieren Gerüchte. Vielleicht hat jemand etwas herausgefunden. Vielleicht ganz zufällig. Oder etwas gefunden. Wer weiß.

Sie steht hinter der halb geöffneten Tür.

„Komm rein!"

Es klingt seltsam.

Vielleicht nur Einbildung.

„Ja gerne." Nebenan hört er Geräusche. Eine Frau geht vorbei. Wortlos. „Deine Mutter?"

„Nein. Setz dich an den runden Tisch! Ich mache uns Espresso."

Der Emil betrachtet das Bild. Schwarzweißphoto. „Wer ist das? Eine Verwandte?"

„Nein. Ich kenne sie nicht. Es lag in irgendeiner Schublade. Nimm es mit!"

7

Sie verlaufen doch alle gleich. Aber wir meinen, dass sie sich unterscheiden. Wir haben ihnen sogar Namen gegeben. Einer heißt Montag. Einer heißt Dienstag. Und es gibt Sonntage. Und die festlich geschmückten Oster- und Weihnachtstage. Und dann gibt es noch ganz viele andere Tage. An denen die Heiden feiern. Und die Druiden. Und die Buddhisten. Und die Anderen. Sie verlaufen alle gleich. Jedenfalls glaube ich das.

„Gibst Du mir auch eine? Ich lade Dich dafür zum Espresso ein."

„Ja gern. Hier nimm!"

„Siehst Du sie? Jetzt kommen sie heraus. Hochzeit. Meine Enkelin."

„Und?"

„Wie, und?"

„Na ja. Hochzeitsgäste. Eltern. Trauzeugen. Freunde."

„Die haben niemanden eingeladen. Nur heiraten. In der Kirche. Sonst nichts. Sie ist im sechsten Monat. Er ist Busfahrer. Hat ein Haus geerbt. Von seiner Urgroßtante. Schon weit über Neunzig. Sieht aber wesentlich jünger aus. Adelige. Wohnt etwas außerhalb. Vielleicht zehn Minuten mit dem Auto. Altes Landschloss. Sie war nie verheiratet."

Die alte Frau steht auf. Sie zahlt in der Bar. Dann geht sie.

Das Hochzeitspaar ist verschwunden. Der schmale Platz vor der Kirche ist leer. Der dunstig graue Himmel platzt auf. Einige Sonnenstrahlen werden freigelassen. Dann verschließt er sich wieder.

Ja, und damit hat wohl keiner gerechnet. Die Judy ist verschwunden. Schon seit mehreren Tagen.

„Noch einen Espresso?"

„Ja!"

Die Zigarettenfrau hat ihren Laden zugesperrt. Sie sitzt in der Bar und liest Zeitung. Das Dreirad steht vor der Bar. Der Mann raucht und liest Zeitung.

„Warst du schon mal in Mexiko?"

„Nein, noch nie. Und du?"

„Vor einigen Jahren haben wir eine Rundreise gemacht. Keine Pauschalreise. Wir haben uns in Florida einen uralten Ford gekauft."

Der Bus hält. Judy steigt aus. Obwohl. Jetzt, wo sie immer näher kommt. Es ist gar nicht Judy. Sie sieht ihr aber verdammt ähnlich. Und dann das: Sie geht vorbei.

„Hast du das Flüstern gehört?"

„Nein?"

„Der Hund! Er hat eine blutige Schnauze."

„Er hat bestimmt eine Ratte erwischt."

„Ja genau! Eine fette Ratte."

Der Mann lächelt und steigt ein. Auf der Ladefläche liegen Zementsäcke. Und Werkzeuge. Und die Schaufel. Dann knattert er bergauf. Die Zigarettenfrau lächelt und geht zurück zu ihrem

Laden. Der Emil folgt ihr. Der Müllfahrer kauft auch Zigaretten.

„Es ist Judy! Hinter einem Dickicht. Feigenbäume und Sträucher. Ihre rechte Hand fehlt."

„Vielleicht war es der Hund?"

Schweigen.

„Hast du sie gefunden? Nein. Nicht sie. Nur das, was Aasfresser übrig lassen. Fast nichts. Ganz in ihrer Nähe lag ihr völlig zerbissener kleiner Rucksack. Ihr Personalausweis war noch halbwegs lesbar. Die Beamten haben alles mitgenommen. Was halt noch so rumlag."

Und dann entdeckt der Emil später noch einige etwas ernstere Gesichter. Sonst nichts. Die Zigarettenfrau lächelt. Der Mann lächelt. Andere Frauen und Männer lächeln. Der Fischhändler trinkt mit dem Pfarrer. Sie rauchen. Vor der Bar. Auch der Hund lächelt, jedes Mal, wenn er wieder an der Bar vorbeiläuft. Sonst nichts.

8

Mal ganz von vorne. Also diese italienischen Bergdörfer. Da passiert nie was. Den Mörder musst du von zu Hause mitbringen. Und selbst dann. Vielleicht mal der Monsignore. Dass er mal ein oder zwei Messdiener. Aber merkt doch sowieso keiner. Oder der Esel fällt um. Vor drei Tagen stand in der Zeitung, dass im Nachbarort, auch so ein Bergdorf, eine Einundsiebzigjährige Zwillinge gekriegt hat. Mutter und Kinder wohlauf. Leihmutter! Das nenn ich Süden. Da hängt die Pomeranze über zwanzig Jahre ununterbrochen am gleichen Baum. Da tropft schon der Saft raus. Bevor die dann endlich runterfällt. Und schmeckt ganz süß. Stell dir das mal vor! Aber darum geht´s hier ja gar nicht. Die Judy wurde gefressen. Und der Emil spielt den Detektiv. Mal sehen!

Der kleine Platz ist fassungslos. Die kahlen Bäume wechseln Schatten. Du den. Ich den. Das Licht. Mal Sonne. Dann wieder Bewölkung. Manchmal fast schon Dunkelheit. Man hört sie. Den Fischhändler. Den dicken Melonenverkäufer. Den Käsehändler. Den Brothändler und die Gemüsefrauen.

Ein Kleinbus hält neben der Kirche. Ältere Touristen steigen aus. Sie tragen Baseballmützen.

Der Hund hat gute Laune. Er liegt neben dem Verkaufswagen des Metzgers.

„Noch einen Espresso?"

„Ja gerne!"

Das Dreirad steht vor der Bar. Der Mann liest Zeitung. Raucht.

„Du auch noch einen?"

„Ja!"

Und dann geht´ s los. Die beiden Frauen. Alter Schwede! Ende Zwanzig. Beide mit Rucksack. Eine blättert im Reiseführer. Die andere hat einen Gehfehler. Ihr Blick. Und der Pikinese. Ich sag nur: Bibione. Die Jenny mit ihrem schwulen Pikinesen. Und ihre Schwester. Die Jane. Genau. Die Jane. Wie diese Rockgruppe.

Sie stehen weiter weg und fragen den Emil. „Sorry! Is this the church with the doubleheadmummies?"

Ich sag nur: Tauchstation! Sie mich nicht gesehen.

„Dein Espresso!"

„Danke!"

„Yes, of course."

„Thank you." Sie lächeln gequält. Schleppen ihre Rucksäcke Richtung Kirche.

Ein außergewöhnlicher Tag. Plastiktüten und Touristen. Die Mumien liegen unter der Kirche. Man erzählt sich eine Menge Spukgeschichten. Die Mumien sind wohl aus dem frühen Mittelalter.

Der Mann raucht Janus. Und der Fischhändler. Die alte Frau auch. Und der Emil. Die Zigarettenfrau hat sie ihm empfohlen. Is ja ´n Ding, denkt der Emil.

Stell dir vor, du bist Zwei. Und die kahlen Bäume. Und der Markt. Und die Menschen.

Seine Gedanken springen höher. Fluchtversuche. Vor dem Unvorstellbaren? Vielleicht. Und dann spürt er, wie sie immer wieder in ihn hineinbeißen. Wie sie ihn begrabschen. Diesen Schmerz. Wie er ihn mehr und mehr wieder verlässt. Wie er jetzt ganz verschwindet. Und wie sie Stück für Stück aus ihm herausbeißen. Wie sein Blut läuft. Wie sie es saugen. Es lecken. Wie sie ihm in den Kopf beißen. Ihn ihm abbeißen wollen. Nein!

Das Dreirad knattert vorbei. Der Mann winkt. Der schmale Marktplatz gähnt. Mittagssonne. Der Fischhändler fährt als Letzter. Die alte Frau sitzt neben dem Emil. Vor der Bar. Sie raucht Janus, trinkt ein Glas Weißwein. Schweigen. Die kahlen Bäume strahlen.

9

Tagträume verschönern manche Orte. Auch Tage. Besonders dann, wenn es in Strömen gießt, es über Nacht fast winterlich kalt geworden ist und der Tag einfach nur Mittwoch heißt. Und du bist der einzige Raucher, der vor der Bar mit seinem eiskalten Espresso unter der Markise sitzt. Und drinnen: Sitzt der Emil. Und noch ein paar. Mittwoch!

Und dann: Ein Poltern. Der Esel zieht den Holzkarren vorbei. Die schmutzige Plane wölbt sich. Er blickt mürrisch. Vielleicht ein Bauer. Oder ein Schäfer aus dem Gebirge. Später stellt sich heraus, dass es der Bestatter ist. Er wohnt nicht im Ort. Eine schwarze Limousine hält vor der Bar. Zwei schwarz gekleidete Herren steigen aus. Sie tragen Hüte. Die Zigarettenfrau verlässt die Bar. Im Vorbeigehen nickt Sie kurz. Sie geht zu ihrem Laden. Sie zieht das schwere Eisengitter runter. Dann geht sie weiter. Später steht sie mit mehreren Frauen vor der Kirche. Es regnet nicht mehr. Die schwarz gekleideten Herren verlassen die Bar. Sie fahren zum kleinen Platz.

„Eine Messe? Heute?"

„Eine Totenmesse! Sie beerdigen Judy. Ich werde helfen. Beim Schaufeln. Viel zu schaufeln gibt´ s ja nicht. Ein Baby-Sarg. Eine kleine Holzkiste. Weil kaum was von ihr übrig ist. Mal sehen."

Der Mann geht zum Dreirad und knattert Richtung Marktplatz.

10

„Hast du die Schaufel?"

„Still! Da kommt jemand. Versteck dich!"

Er kauert sich neben die Brunnenmauer.

Nach einigen Minuten: „Komm raus! Es war nichts. Vielleicht irgendein Tier. Katze."

„In letzter Zeit wurden vereinzelt Wölfe gesichtet. Die Schäfer haben sie beobachtet."

„Wir müssen höllisch aufpassen. Kein Licht! Es muss schnell gehen. Geräuschlos."

„Meinst du, er ahnt etwas?"

„Kann schon sein. Er hat sie einige Male getroffen. Da vorne ist es. Sie liegt nicht tief. Einen guten Meter. Der Boden ist schön weich. Noch ganz frisch. Pst! Schnell! Halt den Sack auf! Ich schiebe die Kiste rein."

„Schaufel das Loch zu!"

Die Jenny und ihre Schwester sitzen mit dem Emil. Die gleiche Pension. Frühstücksgespräche. Der Pikinese hat sich nachts zum Emil geschlichen. „Das der Joschi Türen aufmacht, also das ist ja wirklich stark", meint die Jane und verschüttet ihren heißen Kaffee. Der Joschi, also der schwule Pikinese, muss fast die ganze Nacht auf dem Emil gelegen sein, sagt der Emil. Und dass der Emil immer ganz nackt schläft, sagt die dicke Jenny und lacht. Dem Emil fällt dann noch der *Freddy Krüger* ein. Ihr wisst schon. Der mit dem Hut. Der immer so intensiv nach frischer Holzkohle riecht.

Also dann! Eine Nacht. Ein Morgen danach. Unmittelbar danach. Die Bar! Ein Schimmern begrüßt den Betrachter. Ideen verflüssigen sich langsamer. Der Espresso berührt Rätsel. Und jede weitere Zigarette weckt Neugierde. Ihre fleißigen Blicke tanzen. Mal setzen sie sich wieder. Mal gehen sie. Irgendwohin. Sie wissen viel. Nichts dringt nach außen. Auch wenn sie immer wieder sprechen.

Ja. Und jetzt kommen wir der Sache näher. Die Blicke. Besonders die Männer. Ich glaube, dass der Lyriker vor seinem inneren Auge, vielleicht besser: vor beiden Augen innen, jetzt entdecken würde: Sein Blick hat Risse. Schmutz. Er will ihn abkratzen. Trifft immer nur ins Leere. Such dir einen Punkt! Fixier ihn gut. Aber bloß nicht zu lange. Niemand soll es merken. Das beruhigt. Vielleicht. Wie die Lüge deine Haut schwärzt. Am Stahlrohr schimmert. Das dich durchbohrt hat. Dein Verrat! Wie er glüht. Dich ausgetrocknet hat. Bis auf deinen allerletzten Gedanken.

Der Emil wirkt erschöpft. Vielleicht die dicke Jenny. Vielleicht auch noch die Jane. Und natürlich: Der Joschi!

11

Da denkt man. Klar! Jetzt weiß ich, wie´ s ausgeht. Sicher. Aber genau so nicht, weil´ s total anders läuft, wie du. Na ja. Ich meine für dich war doch alles klar, oder. Also Judy gefressen, wahrscheinlich war´ s der Marc-Aurel, also der Hund. Der im Ort umherstreunt und diese Riesenhäufen scheißt. Pferd oder Elefant oder so ähnlich. Von der Ausscheidungskapazität, also Größe. Der Marc-Aurel ist Mastino. Die alte Gräfin. Also der gehört der Marc-Aurel. Und der mag den Joschi. Klar. Der steht auf Mastinos. Was wollt ich jetzt sagen. Ach so. Der Hubert und die Daisy. Genau. Hubert Pannhof und Daisy Schlucker-Pannhof. Also die Tochter von dem berühmten Schlucker. Schon tot. Also der mit den dicken Dingern. Der Skulpturenkünstler. Da haben sie sich auch kennen gelernt. Der Hubert ist Kunstlehrer. Die Daisy Frührentnerin. Auch Lehrerin. Biologie. Diese Leute sind ja immer so abgelenkt. Überall Natur! Sogar mitten in der Stadt. Klar! Nach dem langen Wochenende, na ja, Montag. Da ist die Daisy dann direkt vor den Schulbus gelaufen. Hat lange gedauert. Aber jetzt geht´ s wieder halbwegs. Das Gesicht ist anders. Aber sonst. Die haben auch einen Hund mitgebracht. Den Jacko. Männlich. Englische Dogge. Bergwandern. Und in der gleichen Pension.

Seit heute. Also der Emil hat da schon etwas sparsam geschaut. Hubert und Daisy. Ich sag nur: Bibione. Und noch ein Hund.

Der Emil sitzt vor der Bar. Die Lage verschärft sich. Die Ermittlungen nehmen Fahrt auf.

12

Der Mann raucht Janus. Er sitzt vor der Bar. Der Müllfahrer konnte nicht dichthalten.

„Ein Schwätzer! Wahrscheinlich lebt sie noch! Sie haben nichts gefunden. Keine Knochen. Nichts! Nur Steine und schmutzige Lumpen waren drin. Sonst nichts!"

Die Zigarettenfrau lächelt.

„Und was denkst du? Dass Judy noch lebt?"

„Könnte möglich sein. Aber wo ist sie? Was steckt dahinter?"

„In der kleinen Holzkiste war sie jedenfalls nicht. Pardon. Ihre sterblichen Überreste."

„Warum gräbt man nachts einen Sarg aus und nimmt ihn mit?"

„Sie haben etwas gesucht!"

„Und was?"

Die Zigarettenfrau betrachtet den Mann. Ein stummer Blick. Schweigen.

Er steht auf. Dann steigt er in das Dreirad und fährt.

Sie antwortet nicht. Geht.

Die fremde Frau zieht den Rauch in die Länge. Mitte Dreißig. Vielleicht plus minus drei. Eine unbekannte Betrachterin. Sie strahlt Distanz. Streut Scheinnähe. Ein unverbindliches Lächeln. Zielstrebige Neugierde. Ihre Kleidung! Reisen?

Wohnt sie im Ort? Wenn ja, dann höchstens seit ein oder zwei Tagen. Der Emil folgt ihrem Blick. Sie möchte ihn schützen. Die Zigarettenfrau kommt zurück. Entdeckt es. Setzt sich wortlos.

Aller Schweigen blendet die fremde Frau. Ihr Blick wird trüber. Sie legt Geld neben die Tasse. Dann steht sie auf und geht. Oben! Sie umrundet den kleinen Platz. Bleibt stehen. Geht weiter. Das Dreirad knattert vorbei. Sie blickt hinterher. Bleibt stehen. Berührt mit ihrer rechten Hand den kahlen Baum. Geht dann weiter. Richtung Kirche. Richtung Friedhof. Verschwindet.

Der Mann hat das Dreirad abgestellt. Auf der anderen Straßenseite. Vor der Bar. Auf der Ladefläche stehen Holzkisten.

„Du sitzt heute lange hier."

„Ja!"

„Hast du sie gesehen?"

„Ja! Sie kam gestern. Mit dem Bus."

Sie rauchen. Dann fährt der Mann.

13

Die Daisy konnte immer schon mit Hunden sprechen. Ihr Vater hat das behauptet und der Hubert meint das auch. Ich meine der Jacko. Ist doch klar, dass der sprechen kann. Nicht nur *Mein Hund kann sprechen*. Wie viel ist zwanzig weniger zwei, oder so. Nein. Richtig. Ich meine die anderen Hunde können das bestimmt auch. Aber vielleicht reden die so undeutlich. Oder der eine italienisch und die anderen zwei polnisch, weil die vom polnischen Autobahntiermarkt kommen. Kann doch sein. Und dann wird´ s natürlich schwierig.

Ist schon komisch. Die Daisy und der Emil. Da ist doch noch ganz viel Spannung. Ich meine beim Frühstück und so. Also dazwischen. Zwischenmenschlich negativ zwischen denen. Damals hieß sie nur Schlucker. Und dann war da dieses große Badetuch unter der Pinie. Direkt am Strand. Na und, könnte man einfach sagen. Nacktbadestrand. Macht doch nichts, oder. Da muss man auch mal irgendwohin. Ich meine geschäftlich. Also nackt. Der Emil hat sich natürlich genau diese große Pinie ausgesucht, direkt neben dem Stamm, du weißt schon, und hat den Hintern Richtung Strand, na ja vorne, das war dem Emil wohl etwas peinlich, ich meine dabei. Also alles bestens, also vorne und hinten, alles leer, und dann Daisy, gerade zurück auf dem großen Badetuch, und legt sich voll. Also da war ja am meisten Schatten unter der großen Pinie. Damit konnte die Daisy auch nicht rechnen, und der Emil war auch verschwunden. Darüber konnte die Daisy dann nicht mehr lachen, über das einseitig braune Gesicht. Damals konnte sie ja, wenn sie wollte, noch so richtig lachen, ich meine ohne Unfall. Sie hatte ja auch noch kein Schulbusgesicht. Klar oder? Also genau so eins wie der *Joker*, wie der *Jack Nicholson* im *Batman*. Nach dem Unfall mit dem Schulbus und dann die Frührente. Also braun werden schon. Aber dann richtig. Den Hubert gab´ s ja damals noch nicht, aber den alten Schlucker. Der lebte noch. Und er und die Ernestine, also die Frau vom alten Schlucker, also die Eltern von der Daisy, die haben am Strand gefilmt. Mit dem Tele. Superacht! Und zuhause war dann klar. Der Emil. Der war nämlich zufällig auf den Film gekommen. Ich sag nur: Bibione!

14

Die sprechenden Hunde sind weg. Nein. Falsch angefangen. Anfangs weiß das ja noch niemand, wer noch. Also ob noch mehr als der Joschi. Also vielleicht sogar alle. Der Ort gähnt. Nach dem Frühstück sitzt der Emil wieder vor der Bar. Recherche. Beobachten und lauschen. Und irgendwann kommt die Daisy mit dem Hubert: „Der Joschi! Der Joschi ist weg!"

Aha, denkt sich der Emil. Kombiniere: Der Jacko oder der Marc-Aurel oder beide haben die kleine Schwuchtel vernascht. Bestimmt aufgefressen. Sehr gut!

„Und der Jacko ist auch verschwunden! Wir haben die halbe Nacht gesucht. Nichts!"

Die Jenny und die Jane kommen später. Die wirken richtig angeschlagen.

„Habt ihr das heute in der Zeitung gelesen? Die Doppelkopfmumien sind weg. Geklaut!"

Der Emil steht auf. Zeit für Besuche. Kirche und Friedhof. Mal sehen. Dass der Emil da auf dem Friedhof, also zwischen den ganzen schwarzen Frauen und den Grabsteinen, wie ein Friedhofsgärtner, war der Emil ja auch früher kurz mal, kurz bevor er Filmemacher, klappte aber alles nicht so, danach wurde er ja Reporter. Ist doch klar, dass das die Aufmerksamkeit auf sich zieht, sogar der Monsignore. Die eine Frau leiht dem Emil ihre Gießkanne. Wofür, denkt sich der Emil, okay, Nachbars Grab, und dann macht er das Ding am Brunnen randvoll und gießt. Und die Frauen. Da kommt dann gleich der Monsignore, aber der Emil hat die Gießkanne stehen lassen und ist längst wieder vor der Bar, aber die Daisy und der Hubert sind schon verschwunden und die Jenny auch, nur die Jane. Die Hunde bleiben auch verschwunden, alle, und mit der Jane, nein, falsch, die Jane mit dem Emil, weil der hat sie ja zuerst gefragt, geht sie dann mit in die Pension, um, na ja, schon früher Nachmittag. Das dauert dann ja auch gar nicht so lange. Und draußen streiten sie. Weil sie das Fenster offengelassen haben hört man das so gut. Die draußen haben das bestimmt auch gut gehört, aber deswegen streiten sie bestimmt nicht. Und der Motor ist noch an, vom Dreirad, und davor streiten sie, sagt die Jane. Sie hat sich zum Fenster geschlichen und hinterm Vorhang versteckt und dann so seitlich rausgelauert. „Der Mann mit dem Dreirad und die eine Frau und noch eine Frau, die kenn ich aber nicht." Der Emil hat sich dann angezogen und die Jane hat zugeschaut, bevor sie dann auch, und dann lächelt sie den Emil noch so ganz stark an, bevor sie dann wieder zurückgehen und Espresso trinken und vor der Bar sitzen und rauchen.

15

Halt Stop! Jetzt mal ganz langsam. Ihr müsst das jetzt einfach mal alles gleichzeitig denken. Klar, oder? Also: Die Hunde sitzen auf der Ladefläche und haben das Gebirge schon längst verlassen. Und die können ja sprechen, sogar mehrere. Italienisch, Polnisch, Deutsch, Englisch, Afghanisch, usw. Und die sitzen hinten, auf einem Gemüselaster, natürlich unbemerkt. Wie sie dahingekommen sind? Ist im Moment unwichtig. Also erst mal egal. Richtung Rom. Soweit alles klar, oder? Und gleichzeitig kämpfen die Daisy und der Hubert mit dem Berg. Also immer höher, und immer weiter, bis oben. Und die Jenny macht, sagen wir einfach mal Kulturprogramm, mit dem Monsignore, alleine, also nur die Beiden. Ist klar, oder? Und gleichzeitig liegt der Emil mit der Jane. Nein. Andersherum. Die Jane und der Emil liegen im ganzen Ort. Nein. Noch anders. Die liegen also viele Stunden überall im Ort auf der Lauer, usw. Und die ganzen anderen natürlich auch alle. Dreiradmann, Zigarettenfrau, Fischhändler, usw. Also jetzt wird´s dann tatsächlich langsam so richtig spannend.

16

„Der ist abgebogen."

„Wie abgebogen?"

„Na runter. Von der Autobahn runter."

„Und jetzt?"

„Wie jetzt?"

„Ja wo fährt der jetzt hin?"

„Wieder ins Gebirge. Vermutlich."

„Hast du schon mal neben einer Tomatenkiste?"

„Wie neben einer Tomatenkiste?"

„Ja direkt daneben. Hinten auf dem Laster."

„Und was?"

„Ja gepinkelt!"

„Ach so. Ich glaube nicht. Nein. Ganz sicher nicht. Ich bin ja noch nie Gemüselaster gefahren. Also hinten, meine ich."

Und auch Daisy und Hubert sind abgebogen. Sogar fast zur gleichen Zeit wie die Hunde, bloß anders. Also im Gebirge. Da sind nur Bäume, Steine, Orchideen, Wölfe und Bären, usw. und wenn man mal pinkeln muss, oder so, findet man hier fast nie eine halbwegs geeignete Tomatenkiste, außer der Hubert, der schon. Und dann die Daisy. Also die ist nun wirklich unglaublich überrascht, sagt sie, dass der Hubert hier im Gebirge. Vielleicht Räuber. Die Maffia. Oder Schmuggler. Vor der Höhle stehen Tomatenkisten, usw., und der schmale Weg dran vorbei, neben dem Abgrund, sagt dann dem Hubert ganz laut seine innere Stimme, er soll nicht in die Hose, weil der Gipfel erst in zwei Stunden kommt und bis da rauf in die Hose ziemlich ungünstig, also runter neben den Tomaten, usw. neben der Höhle, und die Daisy auch. Dann am Gipfel erst der Wind und dann das Gewitter. Jetzt kommt´ s knüppeldick, denkt die Daisy, und der Hubert ist am Stein kräftig ausgerutscht. Das tut weh. Und dann später, auf dem Rückweg im Matsch, weil der Regen noch mehr wird, gehen sie in die Höhle. Hauptsächlich weil der Hubert. Der kann keinen Schritt mehr vorwärts wegen der Schmerzen, und die Daisy ist auch froh. Und jetzt Vorsicht! Im Ort.

Der Emil macht eine Entdeckung! Frage: Welche? Antwort: Noch etwas Geduld. Jetzt erst mal wieder zu den Hunden. Der Gemüselaster fährt immer noch, nicht ins Gebirge wie sie gedacht haben, Flughafen. Der Riesenbomber mit der offenen Heckklappe. Der Gemüselaster fährt rückwärts. Abspringen und dann schnell. Der Vogel ist fast voll. Gute Verstecke für einen ganz Großen, einen Großen und einen Kleinen. Noch eine gute Stunde, Abflug. Dass sie mit dem ganzen Gemüse in Kanada landen. Und da dann das Ganze wie auf dem Hinflug, aber bloß umgekehrt. Klappt doch, meint der Marc-Aurel, und der Jacko nickt, und der Joschi hat schon wieder diesen Blick, ich meine diesen eindringlichen, diesen. Ist klar, oder? Der Gemüselaster fährt Richtung Norden. Die Palette mit dem Hundefutter! Und endlich keine Tomaten mehr, die werden nämlich zuerst abgeladen. Da lassen sie es sich richtig gut gehen, auf so einer langen Reise. Das kann man ja gar nicht alles fressen, das da auf der Hundefutterpalette. Für regelmäßige Entlehrung ist auch gesorgt. Ganz vorne bei der Klappe, der Salat.

Die Kleinstadt ist schon anders. Als wie so ein italienisches Bergdorf, meine ich. Nachts muss man hier höllisch aufpassen. Als Hund sowieso. Riesige Bären! Überall. Die gibt´ s ja im sonnigen Süden auch. Aber nur vereinzelt. Viel kleinere. Und dann wohnen die nicht direkt im Dorf, sondern weit weg, im Gebirge, oder im Wald. Es sei denn der Zirkus kommt, ist aber selten. Dann wohnen die auch, aber am Rand und im Käfig, aber hier. Der Marc-Aurel muss sich keine Sorgen machen. Der Jacko wohl auch nicht. Aber der Joschi? Und kalt ist es. Ohne Pelz wäre das hier gar nicht zum aushalten.

Und nun zum Emil. Der hat vom Monsignore einen Tipp bekommen. Dafür möchte der Monsignore natürlich auch mal mit der Jane. Also nichts Schlimmes. Nur Gedankenaustausch, usw. Hat er jedenfalls so zum Emil gesagt, der Monsignore. Und noch was. Die Mumien sind wieder da. Dieser große Plastiksack neben der Kirchentür. Erst dachten sie, die Maffia hätte, aber dann war die Überraschung groß. Vielleicht passten sie irgendwo nicht richtig ins Wohnzimmer, oder der Geruch. Jedenfalls sind sie jetzt wieder im Besichtigungskeller unter der Kirche, und die Touristen wird das sicherlich auch riesig freuen.

17

So leicht ist das nicht. Denk doch mal nach. Du heißt Marc-Aurel. Dagegen ist ja nichts einzuwenden. Viel besser als Hubert, Herbert, oder so. Und dann hast du noch zwei sehr unterschiedliche Freunde. Ja auch nicht schlecht, oder? Du sprichst fließend, na ja, meistens schon, sieben Fremdsprachen. Bist musikalisch. Sagen wir doch ruhig künstlerisch sehr begabt. Und natürlich philosophisch interessiert, ausgezeichneter Mathematiker, usw. Also um das Ganze etwas abzukürzen. Du bist mit deinen Freunden jetzt in einem Provinzkaff im nördlichsten Norden Nordamerikas, noch nördlicher ist wohl nur noch der unmittelbare Nordpol, und möchtest Kontakt und etwas für die Bildung tun. Also: Das neue Schuljahr hat begonnen und du gehst mit deinen Freunden in eine Schulklasse. Einfach nur so. Um dich mal vorzustellen. Und deine Freunde. Nein. Nicht gleich die Eltern. Erst die Kinder und die Lehrer. Ja und dann sitzt du da und vor dir hat gerade die Mary-Ann sich vorgestellt. Und dann du: Hi! Ich bin der Marc-Aurel aus Italien. Und die Beiden neben mir sind der Jacko und der Joschi aus Deutschland. Ich spreche außer Italienisch noch Deutsch, Englisch, Afghanisch, usw., also sieben. Ich nur Deutsch und Englisch, Hi, sagt dann der Jacko. Nur der Joschi sagt nichts, rollt aber fast schon akrobatisch mit seinen Augen. Lass uns keine Zeit verlieren. Von mir aus können wir jetzt anfangen, also. Ich meine den Unterricht.

Ich denke, dann weicht das Meer erst einmal zurück, wie vor einem ganz schweren Tsunami, und dann, ja dann rennen alle schreiend weg vom Strand, also in diesem Fall raus aus dem Klassenraum und weiter über den langen Flur raus auf den Hof. Wir natürlich hinterher. Und die Lehrerin mit ihrem Handy immer: Scheiße! Ich krieg keinen Empfang. Scheiße! Polizeistation! Hallo! Ist da die Polizeistation? Hallo! Kommen sie schnell zur Schule. Das ist ein Notfall! Ach so: Und das alles natürlich auf Amerikanisch.

18

„Da draußen ist jemand!"

„Hubert, du phantasierst. Ich höre nur die Sintflut am Himmel, wie sie einfach so runter fällt, draußen Schlamm und Geröll vom Berg holt, und irgendwann drückt uns eine gurgelnde Wasserwand von innen aus der Höhle raus auf den meterhoch mit Schlamm und Geröll bedeckten Weg und dann weiter über die Felskante, mindestens eintausendeinhundert Meter steil talwärts. Hubert! Die Lage ist hoffnungslos." Und dann gibt die Daisy dem Hubert noch ihr bestes *Joker*-Lächeln seit kurz nach dem Frühstück.

„Siehst du das?"

„Wo?"

„Da unten, direkt neben der Höhlenwand, da beim Eingang, oder Ausgang, wie du willst, aber da ist was. Da schaut was aus dem Boden."

„Hubert, ein Stein, sonst nix."

Das Gewitter hat sich verzogen, auch kein Regen mehr, und die Sonne trocknet schnell den schlammigen Weg. Tatsächlich schaut die Ecke eines kleinen Kästchens aus dem Höhlenboden beim Ausgang. Es lässt sich nicht öffnen, und der Hubert steckt die kleine Schatztruhe in seinen Rucksack. Gegen Abend erreichen sie den Ort. Was ist drin? Das beschäftigt den Hubert, bis er dann endlich mit einem groben Werkzeug die kleine Kiste aufbrechen kann. Und was ist drin? Da staunen der Hubert und die Daisy nicht schlecht. Einfach Wahnsinn, denkt der Hubert, und die Daisy gibt dem Hubert ihren vollen *Joker*, ihren stärksten Gesichtsausdruck des gesamten Tages, könnte man auch. Sagen tut sie aber nichts, nur so richtig kräftig staunen, anders als der Hubert. Der staunt auch, sagt aber dann: Da sind ja lauter Zahnprothesen und Glasaugen drin! Ganz genau! Lauter alte Zahnprothesen und Glasaugen, sonst nichts. Die Jenny muss das ganze Zeug, nachdem es der Emil von allen Seiten fotografiert hat, gelacht haben sie alle ganz schön, dass sie schon fast keine Luft bekommen haben, dann dem Monsignore vor die Tür stellen, nachts, damit´s keiner mitkriegt. Sollte doch, trägt sie einen Schleier überm Kopf, wo nur die Augen rauslauern.

19

Die Hunde hat´ s ganz schön erwischt. Nachts hat der Bär den Joschi weggeschleppt und der Marc-Aurel und der Jacko haben ihm noch ein schönes Stück Pelz rausgebissen, den halben Hintern, hat alles nichts geholfen. Auch die Suche nicht.

Nein. Am besten erzähl ich´ s, der Jacko will nicht, also ich, der Marc-Aurel, schließlich waren wir ja mit dabei. Wir haben uns viel verstecken müssen und dann doch ganz viel herausgefunden. Eine internationale Organisation! Und das Versteck von der Judy, also dass sie noch lebt, und wo, und wo sie sie eingesperrt haben. Das hat mir der Opa verraten. Irgendein Earl aus Nordschottland. Der Jacko hat den Opa aus der Hütte rausgelockt. So einen hab ich auch, hat er dann gesagt und: Ja wo kommst du denn her? Und dann bin ich gekommen und hab ihm kräftig in seinen ziemlich kleinen Earl reingebissen. Da hat er laut geheult, der alte schottische Wolf. Und als ich dann wieder losgelassen hab, hat er uns alles verraten, denn seine Hundeschlittenhunde haben auch ganz großen Respekt vor uns und wollten ihm besser nicht helfen. Der Opa hat viel Geld und spielt zweimal im Jahr Trapper. Und dann spielen sie auch da oben. Das kommt aber erst später. Jetzt, wo wir jetzt alles wissen, müssen wir schnell zurück, also die Judy befreien, so lang´ s noch geht. Wo der Joschi ist wissen wir auch, aber der will nicht mit zurück. Den haben zwei schwule Indianer gefunden und adoptiert. Sie haben ihn Daisy genannt. Genau wie die vom Jacko.

Mit dem Flugzeug ist etwas schwierig. Vorher noch mit dem Laster. Das ist kein Problem. Aber dann. Das mit dem Hundefänger. Und im Käfig mit dem Flugzeug nach New York. Aber dann geht´ s leichter. Die Landsitzoma adoptiert uns beide. Rassehunde! Klar, sonst wären wir ja wahrscheinlich Analphabeten, obwohl.

Wir flüchten beim Hundefrisör in New York. Diesmal der Fischbomber. Lauter Tiefkühlfische mit Zwischenlandung in Oman. Aber danach: Bari. Und dann ist es nur noch ein Kinderspiel.

20

Und jetzt aufpassen! Im Ort steigt die Spannung. Die Hunde sind immer noch nicht gefunden und die Jenny hat sich blöd angestellt. Ganz normal, könnte man sagen, aber diesmal in der Nacht mit den Zahnprothesen und den vielen Glasaugen. Der Monsignore hat die Sachen zwar genommen, aber danach. Sie kommt erst mittags wieder, und total erschöpft, und die Jane ist total neugierig aber der verrät sie nichts, wie´s war, aber die Jane kann sich schon denken. Der Hubert spekuliert über die Höhle und die Daisy glaubt, dass die Mumien von da oben kommen, also die mit zwei Köpfen, also als sie noch gelebt haben, sagt die Daisy. Der Dreiradmann fährt auch dauernd hin und her. Und die Zigarettenfrau hat kaum eine Pause, so viele Raucher sind jetzt hier und wollen kaufen. Nur der Emil hat´s gut, der hat seine Ruhe, der sitzt nämlich auf dem Friedhof und raucht, und da hat er auch was entdeckt, schon vor Tagen, nämlich wer beerdigt wurde, die vielen Ausländer.

„Wettschulden sind Ehrenschulden!"

„Ach ja? Um wessen Ehre geht`s denn?"

Sie fahren erschrocken herum. „Garnichts! Nur so daher geredet. Wetten und verlieren kann ja jeder. Oder?"

„Ach so! Wer hat denn verloren?"

„Ja niemand! Gewonnen hat auch niemand! Vielleicht letzte Woche. Aber das war ja nicht der Rede wert."

Die Zigarettenfrau springt auf. Sie geht zu ihrem Laden. Der Mann lächelt gezwungen. Er geht zu seinem Dreirad.

Die fremde Frau! Oben. Sie läuft bergab. Auf die Bar zu.

„Haben sie einen Platz frei?"

„Noch drei!"

„Sie sitzen oft hier."

„Warum?"

„Es ist mir aufgefallen."

„Und sie?"

„Wie meinen sie?"

„Ich meine sie! Warum sind sie hier? Was suchen sie?"

„Vielleicht Entspannung. Nein! Abwechslung! Das Wort trifft es besser."

„Urlaub?"

„Nein."

„Und sie?"

„Entspannung! Einen Espresso!"

„Zwei!"

Das Gespräch ist beendet. Sie leert ihren Espresso schnell. Sie raucht nicht. Zahlt. Geht.

Der Emil raucht. Dazu Espresso. Schluckweise.

Die Straße glänzt nach dem Regen. Nach oben. Und nach unten. Sonst nichts. Stille.

Der Asphalt trocknet schnell. Grauschwarz kehrt zurück. Mehr grau.

„Sind sie verheiratet?" Die Frage trifft ihn unverhofft. Sie hat sich umgezogen.

„Nein!"

„Geben sie mir auch eine? Ich habe meine im Zimmer vergessen."

„Ja gerne!"

„Janus! Ein seltsamer Name für eine Zigarettenmarke. Finden sie nicht?"

„Nun ja. Eigentlich schon. Aber hier?"

„Sie haben Recht. Haben sie schon gegessen?"

„Nein."

„Kennen sie ein Restaurant?"

„Ja. Ganz in der Nähe. In einem dieser düsteren schmalen Gässchen. Ich begleite sie!"

Das Menü überzeugt. Kaum Gäste. Sie finden kaum Worte. Nur einige wenige abgehackte Sätze. Dazu immer wieder verschwommene Blicke. Verlegenheit? Es hätte niemand zugehört. Sie sind fast die Einzigen. Trotzdem lautes Schweigen. Sie möchte für ihn mitbezahlen. Aber der Emil lehnt ab. Dann geht sie.

Die Wirtin kommt mit Wein. Sie sind die Einzigen. Witwe. Sie gehen zu ihr. Mitte Vierzig. Zierlich. Sie sprechen kein Wort. Flüsternder Duft. Vanille. Reife Früchte. Die Macchia im Sommer. Weinlese. Venedig um die Mittagszeit. Und dieses Lied in seinem Kopf. *Lady sings the blues.*

Es geht um mehr, als um eine ausgegrabene Holzkiste!

21

Die kahlen Bäume strahlen. Fast so, als lächelten sie. Ein Alpha fährt im Schritttempo an der Bar vorbei. Nach Oben. Er parkt neben der Kirche. Ein Mann steigt aus. Anzug. Krawatte. Der Alphamann hat es nicht eilig. Er überquert die schmale Strasse und geht gemächlich Richtung Bar. Graumeliert. Raucher. In den kommenden Tagen taucht er öfter auf. Manchmal besucht er die Bar. Der Dreiradmann meidet ihn. Der Alphamann kauft Zigaretten. Bei der Zigarettenfrau. Wie fast alle. Die alte Frau kennt ihn. „Er hat ein Zimmer gemietet!" Sie schaut düster. Der Fischhändler verkauft auf dem Marktplatz. Er spricht mit dem Alphamann. Kein langes Gespräch. Nach einer Woche ist der Alphamann verschwunden. Auch die fremde Frau. Sie haben ihr Geheimnis nicht verraten. Andere könnten mehr wissen. Ihr Verhalten!

22

Die Sonne blendet. Heiße Luft steht über dem staubigen Asphalt der Dorfstraße. Hauswände strahlen. Der Ort wirkt menschenleer. Gelegentlich klappert etwas. Zu sehen ist niemand. Der Bus hält nur ganz kurz. Eine Frau steigt aus. Judy! Und der Emil: Bin ich etwa der einzige, der sie sieht? Sonnenbrille. Jeans. T-Shirt. Einen kleinen Rucksack. Sie geht langsam. Kommt näher. Geht an ihm vorbei. Wortlos. Er dreht sich um. Sie ist verschwunden. Abgebogen? Der Ort wird lebendig. Der Dreiradmann knattert. Die Zigarettenfrau öffnet ihren Laden. Vor der Bar sitzen Gäste. Ein Reisebus hält bei der Kirche. Junge Menschen quellen heraus. Der Pfarrer spricht mit zwei älteren Männern. Busfahrer. Und ein Lehrer. Alle folgen dann dem Monsignore. Später sitzen viele in der Bar. Einige essen Eis. Der Dreiradmann hält. Sie steigen aus. Setzen sich. Judy lächelt.

„Hi, Emil! Recherchierst du immer noch?"

„Es gibt nichts wirklich Greifbares. Die Zusammenhänge! Und du? Du lebst also noch."

„Gab es daran etwa Zweifel?"

„Nun ja. Eigentlich schon. Deine spärlichen Überreste. Dein zerbissener Rucksack. Der Personalausweis."

„Ach so! Die Hunde, Emil! Die haben mich rausgeholt."

„Die Carabinieri haben den Fake geglaubt, oder?"

„Ich denke schon."

„Du wurdest dann ja auch beerdigt. Im Kindersarg! Weil so wenig übrig war."

„Und sonst?"

„Das lass dir von Ihm erzählen. Der war mit seinem Dreirad immer ganz vorne mit dabei. Oder?"

Der Dreiradmann schweigt.

„Zwei Frauen waren hier."

„Die Konkurrenz?"

„Wahrscheinlich schon."

„Und ein Kommissario mit Alpha. Der Alphamann hat einige Tage im Ort gewohnt."

„Und? Was hat er herausgefunden?"

„Nichts. Die schweigen. Wie ein Grab. Aber wir sind ihnen dicht auf den Fersen!"

Die Judy bedeutet dem Emil mit einer knappen Geste, ihr zu folgen. Weit hinter dem Ortsausgang kann uns niemand belauschen!

23

Die kahlen Bäume zeigen Grau. Sie wirken erschöpft. Der Fischhändler ist heiser. Das unbeständige Wetter! Er krächzt. Auch die anderen Marktschreier klingen leise. Der Alphamann hat Verstärkung mitgebracht. Die Carabinieri durchsuchen Häuser. Sie tragen Kisten hinein. Und wieder hinaus. Sie haben einen schwarzen Laster mitgebracht. Geschlossene Ladefläche! Wie in den CIA Filmen. Den Laster bewachen zwei Maschinenpistolenmänner. Carabinieri. Alle Kisten werden in den Laster geladen. Gut verstaut. Mit Gurten gesichert. Sie verhaften den Dreiradmann. Und den Fischhändler. Und einige Gemüsefrauen. Und die alte Gräfin. Und die Zigarettenfrau. Und den Monsignore, als er aus der Kirche kommt. Eigentlich fast alle. Fast den gesamten Ort.

Und die Hunde sind wieder da. Noch nicht alle, aber der Marc-Aurel und der Jacko. Und die Jenny will beim Monsignore bleiben, sagt sie, und sie wollen nach Pescara ziehen, ans Meer. Der Monsignore hat dort schon eine schöne Arbeit als Religionslehrer in Aussicht, aber nicht mehr als Monsignore, das geht nicht, sagt der Weihbischof. Und die Jane geht mit dem Förster, mit dem Nationalparkranger. Der Marc-Aurel läuft wieder rum im Ort, so wie immer. Und die Daisy und der

Hubert sind gleich nach Deutschland zurück, mit dem Jacko. Nicht mal mehr verabschieden konnten sie sich, solche Aufregung. Und dann sagt der Emil noch zur Judy: Hättest du das gedacht? Dass zwei Journalisten das aufdecken. Wir! Die Judy lächelt. Ihr Bericht endet so: „(…) Sie finden diese kunstvoll in Glas gegossenen Hände. Menschliche Hände. Vorher hatten sie sie verkleinert. Wie Schrumpfköpfe. Bloß eben Hände. Und nur rechte Hände. Geschrumpfte rechte Hände als kunstvolle gläserne Schachfiguren. Weltweiter Janusschach. Und die Verlierer? Die verlieren ihre rechte Hand. Sagt man. Manche dabei wohl auch noch mehr. Einige vielleicht auch ihr Leben. Für die neuen Schachfiguren. Für das nächste Spiel. Die Glashandspieler." Und dann fahren der Emil und die Judy aus dem Ort mit dem Bus weg. Zurück. Die Judy schweigt.

24

Die Daisy und der Hubert. Nach zwei Tagen an Land und zu Fuß weiter. Da kann die Jenny besser mit dem Jovanni. Also mit dem Hausboot tuckern. Und dann der Bus und die Bahn, die Daisy und der Hubert, bis ins Gebirge. Aber die Hunde. Verschwunden. Und Hinweise keine. Also. Zurück nach Bibione. Die Daisy und der Hubert. Und abends Promenade. Erst Eis. Dann Treffen beim Italiener. Der große lange, wo alle.

Der dicke Otto und die dicke Inge. Und der Emil mit der Cam. Der hat alles wie sic. Also erst die dicke Inge. Nackt. Dann der dicke Otto. Auch nackt. Also wie sie gerade aus dem Wasser und dann. Also plötzlich knallrot. Aber nur oben. Beide. Knallrote Haare. Gesicht. Arme. Ist natürlich schwierig, meint die Jane. Und der Ingo 1 kein Zweifel und der Hertenhubert und die Anderen. Das Wasser!

Und jetzt kommt´ s! Die blonde Ellen und die blonde Marianne. Also die Zwillinge aus Essen. Die Involtini mit der roten und ganz scharf. Nur die Ellen. Die Marianne ganz normal. Also die Soße. Klar, oder? Und alle anderen die Frutti nur der Henry. Also der Henry auch ganz scharf. Die Involtini. Aber ohne den Prosciutto. Und dann genau zwanzig Minuten. Der Emil. Der hat wieder zufällig auf die Uhr. Also die Ellen und die Marianne. Die fallen nach genau zwanzig vom Stuhl und reißen die Tischdecke die ganzen Teller und den Wein. Beide tot! Und alle total schockiert. Und der Emil gleich die Cam. Und der Ingo 1 und der Wirt die Rettung. Dauert natürlich zu lange. Und die Hunde noch weg. Macht aber nichts. Und dann die Carabinieri und die Leute. Und dann der Leichenwagen. Ach so. Und der dicke Otto kotzt. Und die dicke Inge auch. Und dann der Mageninhalt von der Ellen und von der Marianne ins Labor und der Prosciutto vom Wirt. Und dann kein Gift und alles in Ordnung. Das Labor. Also natürlicher Tod und weiter schönen Urlaub. Die Ärzte. Und die Carabinieri. Und jetzt du! Mord? Also ich. Aber jetzt denk mal die Hunde. Die haben nämlich schon eine ganz heiße. Und die führt ins Gebirge und weltweit.

25

Die Hunde. Zuerst der Jacko. Dann der Joschi. Dann die Anderen. Abends. Die Promenade dampft. Und der Jovanni mit dem Hausboot und die Jenny. Und die Hunde erst Strand und die Pinien. Und die Jenny und der Jovanni erst die Promenade. Und dann das Eis. Und dann die Anderen. Und ein neuer Italiener. Weil der Ingo 1 und der Jovanni. Und dann die Anderen auch. Und nicht die Margarita. Und nicht die Involtini. Obwohl. Der Henry. Der ja nicht.

„Kummal der Hund! Dat is doch der von die.“

„Wo siehsu dat denn?“

„Ja da vorne aufe Strasse. Bei die zwei Tätowierten. Die eine mit dat Eis. Die mit die blonden Haare.“

„Ja jetz seh ich dat auch. Und kummal wat noch. Dat Riesenkalb. Und die Dogge. Und noch´n schwarzn Dackl mitn Pudl.“

„Und jez kommen die alle bei uns ann Tisch. Wirsse sehn.“

Und der dicke Otto hat Recht. Und dann sofort die Jenny und die Daisy. Und der Hubert springt auf und die Jane. Und der Emil sofort die Cam. Und dann der Henry. Verschüttet vor Schreck den Rotwein und der Hertenhubert. Aber nicht der Willi. Und die dicke Inge. Total erschrocken weil neben ihr der Marc-Aurel und der Jacko. Und der schwule Joschi sofort unter den Tisch und die anderen. Und der Abend. Der zieht sich, und niemand fällt vom Stuhl, und die Hunde sprechen nicht. Noch nicht.

Die dicke Inge und der dicke Otto reisen ab. Eine. Der Hertenhubert und der Willi reisen ab. Zwei. Und der Henry. Auch zwei. Und die blonde Ellen und die blonde Marianne. Tot. Und der Kaftanfreddy. Auch tot. Und der Ingo 2. Und die Morgana mit dem Rostockringo. Na ja. Und dann belauscht der Emil die Hunde und alles mit der Cam. Die große Pinie am Strand. Klar, oder? Und jetzt denk mal. Das Wasser. Die Margarita. Die Involtini. Und der Prosciutto. Und dann rot. Und knallrote Haare. Und alle fallen vom Stuhl. Und nicht alle sind tot. Und jetzt noch die Dialektschweine. Und der Osten. Und sogar weltweit, sagen die Hunde. Also der Emil.

26

Merkwürdig. Aber der Emil hat ja alles mit der Cam. Als sich die Hunde. Die Daisy ist sprachlos und der Hubert. Und der Jovanni. Also der meint Einbildung. Aber die Jenny nicht. Und die Jane. Und der Ingo 1. Der meint Sonnenstich. Aber alle.

Und dann erst mal Strand. Und Baden. Und nackt in der Sonne liegen. Und alle rot. Aber nicht vom Wasser. Und nicht die Haare. Und immer schön einschmieren. Aber nützt nichts.

Und abends. Erst die Promenade. Dann das Eis. Und dann Treffen beim neuen Italiener. Aber nicht die Margarita. Und nicht die Involtini. Also. Alle die große Frutti. Und den großen Salat. Und den riesigen Fruchtbecher. Mit viel Sahne. Klar, oder?

Abreise. Der Ingo 1. Mehr als drei. Und die Jenny. Mehr als drei. Und die Daisy und der Hubert. Genau drei. Und der Jacko und der Joschi. Und der Marc-Aurel. Der ist verschwunden. Und die Peggy bleibt beim Kopernikus. Der Jovanni also beide. Und der Emil bleibt weil die Story. Und die Jane bleibt weil noch Zeit. Und weil der Emil. Und weil Harz 4.

„Irgendwas mit Lego oder Wego."

„Du meinst also die Hunde. Die haben zu dir Lego oder Wego gesagt."

„Nein. Nicht zu mir. Die waren zu weit weg. Auf dem Video versteht man fast gar nichts von dem was sie sagen."

„Und bellen? Ich meine vielleicht etwas leiser. Also statt WauWau oder WuffWuff ein etwas leiseres LgoWgo."

„Quatsch! Die haben nicht gebellt. Die haben gesprochen."

Die Jane bleibt skeptisch aber der Emil. Und der hat schon einen weil der Marc-Aurel. Und der Marc-Aurel ist vermutlich nicht spurlos und mit der alten Gräfin. Also süditalienisches Bergdorf ist der Plan sagt der Emil aber die Peggy und der Kopernikus. Die verraten nichts und sprechen. Also auch nicht mit dem Emil und dem Jovanni. Und der bleibt mit den Hunden in Bibione weil der ja. Also der Apotheker und das Labor! Klar, oder? Und der Emil bleibt noch einen. Also Strand. Große Pinie. Abends Promenade. Eis. Usw. Und am nächsten Tag. Da fahren der Emil und die Jane. Erst Pescara und dann das Gebirge. Und jetzt denk mal der Emil und die Jane. Die haben keine Gaudi und den ganzen Tag und draußen immer vierzig und im Bus und keine Klimaanlage und abends erst Ankunft. Also Gebirgsdorf. Und dann Tarnung. Also der Emil Perücke und künstlicher Bart und die Jane nur. Und dann schlimmes kleines Zimmer und leeres Restaurant. Und dann nur kleiner Imbiss und die Wirtin. Und dann doppelter Espresso und der Ort. Wie ausgestorben. Und der Emil denkt gespenstisch und die Jane. Also ich.

27

Und dann der nächste. Die kahlen Bäume strahlen. Der Monsignore vor der Kirche und mit dem Fischhändler. Und mit der Zigarettenfrau. Der Dreiradmann knattert vorbei. Und die Gemüsefrauen die Plastiktüten. Und der Käsehändler den Bergkäse. Touristen! Und der Metzger vor dem Wagen und raucht. Janus! Und der schmale Platz bewegt sich. Markt! Und die Jane die schwarze Perücke. Und der Emil auch eine und den Bart. Und keiner erkennt sie. So. Und jetzt kommt´ s!

Die Judy vor der Kirche. Und der Emil sprachlos. Und die Judy Hallo. Und dann der Marc-Aurel. Der hat den Emil trotzdem und auch die Jane und sofort Hallo. Aber nur Italienisch und Englisch. Und der Emil sofort die Cam. Und dann die Zigarettenfrau. Auch Hallo. Und der Monsignore. Und der Fischhändler. Also alle. Und dann beide keine Perücke mehr und den Bart weg der Emil. Und dann die Daisy und der Hubert. Den Rucksack und alle den Bus. Also der Hubert die Auszeit und die Daisy sowieso und recherchieren. Und dann der Jacko Hallo auf Deutsch und die Daisy und der Hubert. Und dann noch die Jenny. Und mit dem Taxi und der Joschi.

Und jetzt pass auf! Die Veganossi. Wenn die in die Tiere. Falsch. Andersherum. Manchmal die

Tiere. Die bitten die Veganossi wenn die Menschen immer mehr Tiere und immer schlechter. Und dann. Die Veganossi in die Tiere und wohnen so lange bis. Also Salami, Schinken, usw. Und vorher das Fleisch. Das merkt aber keiner. Weil die Veganossi so nanoklein sind. Und die sterben beim Schlachten nicht. Aber die Tiere. Und dann ist das Fleisch giftig. Und das weiß keiner. Und dann die Margarita. Und dann die Involtini. Die mit dem Schinken drin. Und dann zwanzig. Sagt der Emil. Und dann Fallen. Also vom Stuhl und tot. Ach so. Noch was. Die nanokleinen Veganossi sind Außerirdische. Denk mal der Ringo. Nicht der Rostockringo! Der nanokleine außerirdische Veganossiringo. Der hat nämlich mit dem Marc-Aurel. Direkt aus dem dicken Dialektschwein heraus. Der Marc-Aurel hätte den Veganossiringo gar nicht gesehen. Und kaum gehört. Und der braucht dann natürlich was großes Dickes. Weil der nur so leise flüstert. Und der Verstärker ist dann das Dialektschwein. Klar, oder?

Und der Bart. So heißt das Ding. Die Veganossi sind mit dem Bart auf die Erde. Böse Zungen behaupten wer einen Dialekt. Also Ruhrpott, Bayern, Wien, usw. Der ist bestimmt mit den Veganossi. Und die wohnen dann im Gehirn. Da ist doch was dran, oder? Jetzt denk mal die Dialektschweine. Und die Hunde. Und dann der Emil mit der Cam. Und Osten. Also ich.

Und dann die Judy. Die hat schön recherchiert und der Emil ganz aufmerksam und die Anderen und die Hunde wissen alles. Also. Die Veganossi und die

Glashandspieler. Die haben sich verbündet. Aber nicht alle, sagt die Judy.

Und dann das Team. Der Hubert mit der Daisy. Wandern und beobachten. Der Jacko mit dem Joschi und der Marc-Aurel. Schnüffeln und geheime Operationen. Die Judy mit der Jenny. Unauffällig recherchieren. Und die Jane mit dem Emil und der immer die Cam. Und die Leute im Ort sind auffällig freundlich aber verdächtig. Klar, oder?

Der Hubert natürlich als Erster. Und die Daisy nicht. Beim Wandern im Gebirge und dann wieder die Höhle mit den Zahnprothesen und den vielen Glasaugen und der Hubert erst nur eine und dann sogar mehrere dass dem Hubert schon ganz unheimlich und die Daisy nicht schlecht gestaunt. Die erste Stimme hat nur geflüstert. Russisch meint der Hubert und dann die anderen und die Italienisch und gleich mehrere und ganz laut. Und dann spricht der Hubert Griechisch. Und dann die Daisy auch die Stimmen und alle ganz laut aber nicht russisch. Und die Daisy auch. Fließend griechisch obwohl beide nie. Also weder der Hubert noch die Daisy. Die konnten nämlich noch nie Griechisch. So. Und dann zurück im Bergdorf und natürlich große Aufregung aber nicht alle. Der Emil hat die Veganossi mit der Cam. Und die leuchten. Und vom Marc-Aurel sind die dann schnell in die Jane und die spricht jetzt. Aber nicht Griechisch. Hebräisch. Und das versteht keiner aber die Jane obwohl sie vorher noch nie. Und alle total überrascht. Und die Daisy Hilfe! Und jetzt Du. Also ich auch total und mindestens zwei

Mal Hilfe. Und am nächsten Tag kann keiner mehr. Auch nicht Hebräisch. Und der Monsignore besser Exorzismus. Und die Hunde besser nur Kontakt. Und die Jane keine Ahnung. Und der Emil und die Judy aber wie. Und die Daisy und der Hubert auch aber wie und wo und wann. Also. Die Jenny wieder mit dem Monsignore und der kennt einige und sehr gefährlich.

28

Die alte Gräfin ist gestorben. Und der Marc-Aurel liegt Tag und Nacht und ganz große Trauer und der Jacko und der Joschi auch vor der Kirche. Und dann die Beerdigung und der Monsignore und die Jenny und die Anderen und der ganze Ort. Einige Fremde tragen Handschuhe. Nur rechts. Und die Judy mehrmals den seltsamen Blick zum Emil. Und die Daisy zum Hubert den vollen *Joker*. Und die Zigarettenfrau flüstert zum Emil. Und der Dreiradmann. Und dann nachts. Der Emil mit dem Dreiradmann und beide die Schaufel und der Emil die Cam. Auf dem Friedhof. Und kein Problem weil die Jenny mit dem Monsignore und der Vollmond und Spuk auch keiner. Also. Die Erde weg und den Deckel. Und dann die tote Gräfin. Links ja. Rechts keine. Und dann der Marc-Aurel. Total sauer und bellt ganz laut und der Jacko und der Joschi. Also schnell wieder zu und die Erde und nix wie weg der Emil und der Dreirad.

Und jetzt Bibione. Der Jovanni sitzt viel im Labor. Und wir sitzen viel am Strand. Und abends essen wir gemeinsam. Der Jovanni die große Frutti und die Peggy und ich. Hundefutter ist was für Analphabeten sagt die Peggy und nie wieder den Napf. Und die Peggy ist jetzt knallrot und spricht mehrere Fremdsprachen. Griechisch, Hebräisch,

Afghanisch usw. Mindestens fünf. Und der Jovanni hat auch knallrote Haare und spricht sogar sieben. Der versteht jetzt jedes Wort.

Am Nebentisch sitzen der tätowierte Eugen aus Oberhausen und die Gabi. Und beide über hundertdreißig und die große Margarita. Also ich. Aber nix! Die Margarita und dann noch den großen Tunfischsalat und den riesigen Erdbeerbecher und viel Rotwein. Und da staunen der Jovanni und die kleine Peggy. Kombiniere. Die Margarita ist jetzt nicht mehr. Und der Jovanni gleich das Handy und ruft den Emil. Und der Emil und die Anderen haben schon schön recherchiert. Also. Die Veganossi. Und dass die Veganossi sich mit den Glashandspielern. Soweit noch klar. Und nicht alle Veganossi. Auch klar. Und die Veganossi sind Außerirdische und nanoklein. Noch klar. Und die kriechen in Schweine, Hunde, Menschen usw. Und dann kommen die Fremdsprachen. Und dann können Tiere mit Menschen und Menschen mit Tieren. Also sprechen. Kaum noch klar. Und die Meisten haben plötzlich knallrote Haare. Völlig unklar. Obwohl. Einem knallroten Dackel rennen in Bibione natürlich alle. Und dazu auch noch die vielen Fremdsprachen. Das lässt sich genießen.

Aber der Jovanni. Der hat ein Problem. Der glaubt nämlich dass er jetzt. Also nicht nur sieben sondern noch mehr. Nein. Nicht noch mehr Sprachen. Noch mehr! Fliegen ohne Flugzeug. Telefonieren ohne Telefon. Hund oder Katze werden und dann wieder zurück. Kontaktaufnahme mit außerirdischen Zivilisationen in anderen Galaxien. Zeitreisen. Usw.

Die Peggy. Die ist da wesentlich. Die sagt Hauptsache kein Analphabet und nie wieder den Fressnapf aber knallrot und die fünf.

29

Der Hubert. Der hat in der Höhle den seltsamen Stein und fühlt sich ganz haarig und glänzt die Daisy. Wie haariges Kupferblech mit Gold der Emil und gleich die Cam. Und alle großes Staunen aber der Monsignore. Der sagt Höllenstein und schnell wieder zurück bevor. Aber dazu ist es schon zu spät.

Der Friedhof. Nein anders. *Das Grab ist leer*... der Monsignore. Und der Fischhändler und der Dreirad und die Zigarettenfrau usw. alle total entsetzt. Und der seltsame Stein ist auch verschwunden. Nur ein dunkler auf dem Tisch und vielleicht Brandfleck die Daisy.

Die Judy als Erste. Und gleich in der Nacht nach der Entdeckung des Steins. Und einen winzigen Spalt seitlich den Vorhang und dann starr vor Angst die Judy. Da draußen steht Sie mit dem Marc-Aurel im Vollmond. Das ist also das Geheimnis denkt die Judy und am nächsten Tag dem Emil und beide erst Mal ganz großes Stillschweigen weil der Marc-Aurel.

Der Marc-Aurel ist verschwunden. Und der Dreirad. Der knattert ins Gebirge und findet den Joschi. Zwei Tage später auch den Jacko. Beide tot aber äußerlich unverletzt. Vielleicht Gift der Dreirad. Und der Monsignore böser Zauber. Und alle ganz traurig die Jenny, die Daisy, der Hubert usw.

Und besser verbrennen als beerdigen der Monsignore weil vielleicht sonst. Aber klares Nein die Jenny, die Jane, die Daisy usw.

Der Jovanni hat das Labor und die Apotheke. Nachts. Der Knall ist bis Grado und der riesige Lichtblitz. Und alles total verwüstet die halbe Promenade bis zum Italiener. Und dann der Wirt im Schlafanzug die Rettung. Dauert natürlich zu lange. Und dann die Carabinieri und die Leute. Und dann der Leichenwagen. Und dann Entsetzen. Und vom Jovanni ist nicht viel nur der verbrannte Schuh und die verbogene Brücke. Die ist ihm aus dem Mund geflogen als die Explosion sagen die Carabinieri. Und die knallrote Peggy und ich am Strand und nichts passiert und später ganz große Trauer und wie geht´s jetzt weiter. Also. Der tote Jovanni und viele Verletzte und die Carabinieri vermutlich Terroranschlag und Alarmbereitschaft und das Militär mit Hubschraubern und ganz große Vorsicht.

30

Ausnahmezustand. Der Marischallo hat jetzt überall und schön aufpassen und ganz viele Sperrzonen und drei Kampfhubschrauber. Also. Der Strand. Die Lagune. Ganz Bibione. Und überall Abreise und nix wie weg hier. Und die Peggy und ich nur noch alte Pizza und nachts die Mülleimer und die Peggy hoffentlich bald wieder richtigen Fressnapf und ich. Die mit der Hand sind jetzt häufiger und immer die geschlossene abends beim Italiener. Also Abendkleid, Anzug und Handschuh nur rechts. Und jetzt kommt´ s.

„Ey Vatti kummal!"

„Der kleine Rote."

„Und kummal."

„Da is ja noch einer."

„Meinse etwa der hässliche alte Dackel?"

„Ich glaub dat der die Reude hat oder irgendsowat."

„Dat sind bestimmt Streuner."

„Der Kleine tun wa mitnehmen."

„Und wat is mit den Dackel?"

„Der kannse vergessen. Hier lassen un am besten gleich einschläfern."

Also ich. Der Kopernikus natürlich gleich das rechte Hosenbein und kräftig schütteln. Da hat der Dicke aber laut gejault. Und die knallrote Peggy der

Freundin vom Dicken hopp unters Kleid und die Unterhose und die hat schön geschrieen. Und dann nix wie weg die Peggy und der Kopernikus. Aber der Dicke. Der ist mit seiner Freundin zu den Carabinieri und die schnell den Hundefänger. Und der dann den Kopernikus und die Peggy. Kinderleicht hat er gemeint. Und die Peggy und der Kopernikus beide im Käfig und mit der Eisenbahn. Richtung Süden. Und dann China. Also Esshund. Da haben die beiden nicht schlecht. Aber der dürre Mann mit dem Fressnapf und dem Wasser. Der macht den Käfig und die Peggy gleich raus und der Kopernikus und der Dürre hinterher aber nix. Und in der Ecke hinter den Kisten im anderen Gepäckwagen bis Pescara. Und dann ist das Fell nicht mehr und beide höchstens zwei oder drei und schnell raus aus dem Zug. Also zwei Tage Hafen. Und dann der Fischhändler. Der hat jetzt auch knallrote und einsteigen und ab ins Gebirge.

31

Telefon. Der Ingo 1 mit dem Hertenhubert. Totales Chaos und Ausnahmezustand in Bibione und südliches Gebirgsdorf also ganz Italien. Und dann totale Solidarität und auch der Willi und schnell alle informieren und den Resturlaub und dann alle gemeinsam. Also kurz Bibione und schnell weiter. Gebirgsdorf!

Aber Bibione ist weiträumig. Und überall die Carabinieri, Hubschrauber, usw. Also schnell das Handy und keine Chance der Hertenhubert und der Willi. Und der Ingo 1 gleich weiter und die Anderen und abends süditalienisches Gebirgsdorf. Und dann große Begrüßung und alle total rothaarig und sprechen mehrere und der Hubert und die Daisy auch noch die Stimmen und der Monsignore und eigentlich alle. Und der Emil immer die Cam. Und der Jacko und der Joschi aber schleichen wie Geister und nur nachts und die Gräfin. Und der Marc-Aurel tagsüber fast nie aber der Kopernikus und die kleine Peggy. Und die Doppelkopfmumien sind. Und die spuken jetzt im Gebirge also im Wald der Monsignore. Und die Daisy hat keinen *Joker* mehr also Lachen und Schulbusgesicht alles wieder normal dass der Hubert ganz stark. Aber die Anderen haben auch schön gestaunt als die Daisy. Und die Stimmen. Und fast immer Kopfschmerzen und die roten. Und jeder mindestens fünf bis sieben. Also Hebräisch, Afghanisch, usw.

Und jetzt pass auf! Die Veganossi. Also die guten. Die haben Kontakt mit der Daisy, dem Hubert, dem Emil, dem Dreirad, dem Fischhändler, usw. aufgenommen. Also Flüstern im Kopf und Stimmen usw. Und die dämonischen Veganossi. Die sind mit den Glashand und aufgestandene Tote, untote Hunde der Jacko und der Joschi, usw. und immer nur nachts. Klar oder? Und jetzt kommt´s. Die Zauberkräfte. Der Emil, die Daisy, der Hubert, der Monsignore, die Jenny, der Dreirad, usw. Die sind von den guten Veganossi im Kopf eingeladen worden und können jetzt alle. Also nanoklein werden und in Schweine kriechen, in Hunde kriechen, in Menschen kriechen usw. Und da drin arbeiten sie dann gemeinsam mit den guten Veganossi. Also im Gehirn usw. Aber pass auf! Die Tiere. Die haben nämlich die gleichen wenn die guten Veganossi und knallrot und fünf bis sieben und können auch nanoklein und in Menschen oder Tiere und arbeiten dann gemeinsam mit den guten Veganossi im Gehirn usw. Zum Beispiel der Emil mit der Cam hat den nanokleinen Dackel und die Veganossi im Kopf oder der Hertenhubert. Oder der Ingo 1. Der ist nanoklein mit den Veganossi im Gehirn von der Jane und dann. Klar oder?

32

Der Ingo 1 hat den Dackel im Kopf und ist im Kopf von der Jenny. Du meist das geht nicht? Also ich eigentlich auch nicht aber. Der Dackel ist nämlich nanoklein im Kopf vom Ingo 1. Mit den Veganossi. Und der Ingo 1 wird dann auch nanoklein und die Veganossi. Und der Kopernikus weiter im Kopf vom Ingo 1 also dann noch nanokleiner als der nanokleine Ingo 1 und auch die Veganossi. Und alle ab in die Jenny. Und die Jenny spricht jetzt mindestens zwanzig. Und immer total geil die Jenny dass der Monsignore schon. Aber nutzt nix. Klar oder? Und dann der Ingo 1 mit dem Dackel wieder raus aus der Jenny und die Jenny wieder fünf bis sieben und der Monsignore total und die Anderen. Und jetzt nachts. Also die Daisy und der Hubert. Die haben nämlich viel recherchiert und viel zu lange wandern im Gebirge und wieder die unheimliche Höhle und dann schon die Dämmerung und dann noch die Flucht vor den Doppelkopfmumien dass die Daisy und der Hubert fast schon und dann ist es dunkel und kurz vorm Ortseingang zum Gebirgsdorf dann plötzlich der untote Jacko mit dem untoten Joschi und die untote Gräfin. Also ich. Und alle ein total gruseliges Hallo dass die Daisy und der Hubert fast schon. Und dann werden die drei Untoten auch nanoklein und nix wie rein in die Daisy und den

Hubert die dämonische nanokleine Gräfin, der untote nanokleine Jacko und der nanokleine untote Joschi und natülich auch die dämonischen nanokleinen Veganossi im Kopf von den Untoten. Also. Der Jacko und die Gräfin rein in die Daisy und die nur noch ein bis zwei und sofort wieder den vollen *Joker* dass der Hubert total. Und der schwule untote Joschi rein in den Hubert und der dann auch den vollen *Joker* und ein bis zwei. Und die guten Veganossi? Erst mal gar nix. Und dann noch die Doppelkopf hinterher und alle schleichen durch den Ort. Geisterstunde!

Die Jenny, die Jane und der Monsignore. Die sind jetzt nanoklein im Kopf vom Emil und der total geil und immer lateinisch und den Rosenkranz um den Hals und immer die Cam. Und der Ingo 1 ist nanoklein im Kopf vom Dreirad und der total geil und die große Schaufel und die Pumpgun. Und der Emil und der Dreirad auf dem Friedhof hinter dem Brunnen volle Deckung. Und dann die dämonische Daisy und der dämonische Hubert den vollen *Joker* und schleichen vorbei. Und hinterher die Doppelkopfmumien und der Emil alles mit der Cam und der Dreirad den Mumien mit der Pump die volle Breitseite dass es nur so staubt und gleich noch zwei das war´ s. Und dann alles schön zusammenfegen und mit der Schaufel nix wie rein in das tiefe Loch und noch den Rosenkranz hinterher und zehn Eimer Weihwasser. Fertig. Und schnell zuschaufeln und wieder volle Deckung weil die Daisy und der Hubert. Die haben aber den Dreirad und den Emil nicht entdeckt und beide nicht mehr den *Joker*. Und die Jenny, der Monsignore und die Jane nix wie raus aus dem Emil und volle Deckung und dann nix wie weg. Und der Ingo 1 raus aus dem Dreirad und auch volle Deckung und dann nix wie weg. Und dann entdecken die Daisy und der Hubert den Dreirad und den Emil und alle total und erst mal ganz fest umarmen usw. und volle Deckung weil die Gräfin, der Jacko und der Joschi. Die schleichen nämlich jetzt durch den Ort.

33

Auferstehung. Zuerst der Ingo 2. Das Wohnmobil bei den Carabinieri und ab Richtung Süden. Aber nur nachts. Und dann der Jovanni. Auch nur nachts und ab Richtung Süden. Und der Kaftanfreddy. Und die blonde Ellen und die blonde Marianne. Klar. Auch nur nachts und ab Richtung Süden. Das dauert. Aber dann. *Die Nacht der reitenden Leichen.* Zuerst rauscht der Ingo 2 mit dem Jumbo und die Jane nur ganz kleinen Spalt den Vorhang und der Emil alles mit der Cam. Und dann der Kaftan. Und die nanokleine Peggy ist im Kopf vom Monsignore und der plötzlich ganz unruhig weil die Peggy den Kaftan und die schnell raus aus dem Monsignore und der Dackel raus aus der Jenny und nix wie weg und zur Judy und volle Deckung. Und dann die Ellen und die Marianne. Also ich. Und der Monsignore den Rosenkranz und gut verstecken und die Jenny zittert und gut verstecken und der Dreirad und die Zigarettenfrau und der Hubert und die Daisy, usw. Alle gut verstecken und erst mal. Und dann schleicht die untote Gräfin mit dem Jacko und dem Joschi. Und dann geht die Sonne auf. Die kahlen Bäume strahlen. Der Fischhändler verkauft Fisch. Die Marktfrauen füllen Plastiktüten. Und der Käsehändler und der Metzger usw. Alle. Und die bösen Geister sind verschwunden. Nur der Jumbo vom Ingo 2. Der steht verlassen am Ortseingang.

Die nächste Nacht. Der Jumbo glüht und völlig lautlos durch den Ort der Ingo 2 mit dem Jumbo. Und die Ellen und die Marianne mit glühenden und auch völlig lautlos. Und der Kaftanfreddy, der Jovanni, die untote Gräfin, der untote Joschi und der untote Jacko. Völlig lautlos. Alter Schwede. Und der Emil zittert und die Jane und nur ganz kleinen Spalt den Vorhang und alles mit der Cam. Und besser ganz gut verstecken der Dreirad, die Zigarettenfrau, der Monsignore usw. Bis Sonnenaufgang. Und jetzt denk mal immer nachts und nur noch. Also ich. Und jetzt kommt´ s. Janus. Glashandspieler haben bei der Zigarettenfrau. Und beide rein in den Maserati und nix wie weg die fremde Frau und der Mann.

34

Die Glashandspieler sind nun täglich. Kurz die Janus bei der Zigarettenfrau. Dann schneller Espresso und nix wie weg. Und die guten Veganossi im Kopf? Die wissen auch nichts. Also die Daisy, der Hubert, der Monsignore, der Dreirad usw. Nicht mal Flüstern. Und die Daisy und der Hubert Wandern und ab ins Gebirge. Und der Monsignore und die Jenny. Erst Kirche dann Bar. Und der Dreirad auch ins Gebirge. Und der Emil mit der Cam und die Jane. Erst Friedhof dann Bar. Und auch ins Gebirge. Und der Marc-Aurel bleibt kurz stehen und schnell weiter. Und der Fischhändler den Fisch. Und die Marktfrauen die Plastik. Und der Käsehändler den Käse. Und der Metzger. Usw. Markt!

Und plötzlich ändert sich alles. Die Daisy und der Hubert sind wieder in der Höhle und der Dreirad ist ihnen gefolgt und der Emil und die Jane. Und dann treffen sie sich in der Höhle vor der rostigen Tür und der Emil die Cam mit dem Strahler. Und der Dreirad mit dem Messer und schon ist die Tür. Und die Veganossi flüstern im Kopf von der Daisy und vom Hubert. Und der Dackel im Kopf vom Emil und die Veganossi. Und die Peggy im Kopf von der Jane und die Veganossi. Und im Kopf vom Dreirad gar nichts. Also. Die guten Veganossi und die nanokleinen Hunde, und die haben ja auch die guten Veganossi im Kopf, flüstern: Totale Vorsicht! Und jetzt kommt ´ s. Der Emil entdeckt den Schalter und schaltet den Generator und der das Licht. Ein langer Gang führt in eine riesige Halle. Und die steht voller Kisten. Munition denkt der Emil und gleich mit der Cam. Und der Dreirad die erste Kiste und mit dem Messer den Deckel und keine Munition. Lauter Glashände. In Holzwolle gelagert. Und gleich noch zwei und die auch und vermutlich alle. Und die Gräfin, der Ingo 2, der Kaftan, die Ellen, die Marianne, der Jovanni, der Jacko und der Joschi springen hinter den Kisten und nix wie rein in den Emil, die Daisy, usw. die nanokleinen Untoten mit den nanokleinen dämonischen Veganossi im Kopf. Und alle den vollen *Joker* und nur noch ein bis zwei und nix wie raus aus der Höhle und der Dreirad den seltsamen Stein und fühlt sich ganz haarig und glänzt. Und die guten Nanoveganossi und der Nanodackel und die Nanopeggy erst mal gar nix. Und draußen stockfinster und alle auf die Ladefläche vom Dreirad und der Richtung Gebirgsdorf. Geisterstunde.

Sie sitzen vor der Bar. Die fremde ältere Dame trinkt Wein mit dem Monsignore und dem Fischhändler. Der Metzger trinkt Espresso und raucht. Intensiv vertieft in ein Gespräch mit zwei gutaussehenden fremden Damen mittleren Alters. Und die Zigarettenfrau mit dem Ingo 1 und der Judy. Auch Rotwein. Und am Nebentisch unterhalten sich drei fremde gut gekleidete grauhaarige Gentlemen. Rauchen und Espresso. Die Fremden tragen rechts einen Handschuh. Glashandspieler. Und dann hält der Dreirad hinter dem schwarzen Lamborghini und dem Maserati usw. Direkt vor der Bar. Und nix wie runter von der Ladefläche. Und alle den vollen *Joker* und ein gurgelndes Hallo dass der Monsignore denkt *Zombiefilm*. Und dann gibt es einen ganz lauten dass der ganze Ort wackelt. Und die Gräfin, der Ingo 2, der Kaftan, die Ellen, die Marianne, der Jovanni, der Jacko und der schwule Joschi rums Wiedergeburt und keine Untoten mehr. Natürlich alle total verwirrt und erst mal ganz großes Hallo und der Emil alles mit der Cam und keine roten Haare mehr und die Jane und die Daisy usw. Alle. Und die guten Veganossi? Die sind jetzt im Kopf vom Kopernikus und von der Peggy und die können jetzt mindestens zwanzig usw. Und jetzt pass auf! Die fremden Glashandspieler. Die sind total weil die dämonischen Veganossi. Und die sitzen jetzt alle bei denen im Kopf. Und dann wie Untote rein in den Lamborghini, den Maserati usw. und nix wie raus aus dem Gebirgsdorf. Wohin weiß keiner. Und der Ingo 1 mit dem Ingo 2 Rotwein und die Gräfin und die Anderen. Alle. Also ganz großes im Dorf die ganze Nacht und bis Nachmittag. Und die kahlen Bäume strahlen. Und die Nachmittagsonne. Und der schmale Platz vor der Kirche. Und der Marc-Aurel mit dem Jacko, dem Joschi, dem Kopernikus und der Peggy die Dorfstrasse. Und alle vor der Bar und Espresso und war das ein Abenteuer die Ellen und die Marianne. Und jetzt Du! Wie geht´ s weiter? Also ich: Bibione. Aber noch was.

35

Und dann wieder das Team. Also. Der Hubert mit der Daisy. Wandern und beobachten. Der Jacko, der Joschi und der Marc-Aurel. Schnüffeln und geheime Operationen. Die Judy unauffällig recherchieren. Und der Monsignore kirchliche Geheimnisse und Übersinnliches und immer mit der Jenny. Und die Jane mit dem Emil und der immer die Cam. Und die Leute im Ort sind jetzt auch. Also. Die Gräfin Exglashand und geheime Informantin. Klar, oder? Und der Dreirad mobile Eingreif und immer die große Schaufel und die Pump. Auch klar. Und die Zigarettenfrau Beobachterin und geheime Informantin und immer Kontakt und gut aufpassen. Und der Fischhändler Kommunikation und alltägliche Normalität. Und die Anderen. Und immer gut aufpassen.

Und jetzt kommt´ s! Ein riesiger Hubschrauber landet auf dem Plateau neben der Höhle. Und ganz schnell der Jacko, der Joschi und der Marc-Aurel und volle Deckung im Wald über dem Höhleneingang. Die Kisten mit den Glashänden werden eingeladen bis alle. Und dann nix wie weg die Männer mit dem Hubschrauber. Und dann die Hunde nix wie rein in die Höhle und die Tür ist offen und alle Kisten. Und dann gleich die Gräfin. Und die sagt Glashandspieler. Und Geheimdienst.

Und Maffia. Also. Nachtflug. Dann neues Versteck die Glashände und neue Spiele. So. Und jetzt schnell aufteilen und nix wie hinterher. Also. Der Jovanni mit dem knallroten Kopernikus und der Kaftan mit der knallroten Peggy. Und alle mit dem Ingo 2 im Jumbo. Strategisches Ziel? Klar, oder? Bibione! Und der Hertenhubert und der Willi auch Bibione. Und die Ellen und die Marianne und der Ingo 1 auch Bibione.

Der Dreirad fährt Richtung Flughafen und die Hunde auf der Ladefläche unter der Plane volle Deckung und große Vorsicht. Und dann der Zaun vom Flugplatz und der zugewucherte Seiteneingang am Waldrand und das hohe Gras weg und im Zaun die rostige. Die ist nur angelehnt und das Dreirad. Passt genau. Der Dreirad fährt ohne Licht neben der Landebahn zum Rollfeld. Und ganz am Rand steht die alte Transport. Also. Die Hunde im Dunkeln total unbemerkt nix wie rein bevor die Ladeluke. Und im Frachtraum lauter Waffenkisten und vorne die Glashände. Und die Hunde volle Deckung und gut verstecken. Klar, oder? Und dann die Ladeluke zu und Richtung Startbahn. Und dann Vollgas und Start. Und der Dreirad? Bloß kein Licht und nix wie weg.

Jetzt pass auf! Die Afrikaner. Die brauchen ganz viele Waffen weil die immer so viel Streit haben, meint der Joschi. Totaler Quatsch der Marc-Aurel und der Jacko weil die Glashandspieler. Nein, anders. Die Glashandspieler sorgen dafür, dass die Afrikaner ganz viel Streit haben, meint der Marc-

Aurel. Falsch! Das machen die doch überall, der Jacko. Wie, überall? Der Marc-Aurel. Ja weltweit. Überall! Der Jacko. Und weil die so gern spielen verkaufen die Glashandspieler dann allen gleichzeitig für ganz viel Geld ganz viele Waffen damit die besser streiten können, meint der Jacko. Klar. Das erzeugt mehr Spannung. Und natürlich die Vorfreude. Und dann steigen die Wetten. Also Börse usw., der Marc-Aurel. Genau! Und dann das Spiel. *Faites votre Jeu.* Mal kucken, wer gewinnt. Und wenn die Afrikaner sich streiten brauchen die kaum noch was zu essen und zu trinken und auch kein Gold, Silber, Kupfer, Öl usw. mehr, höchstens zum Bezahlen von den vielen Waffen, sagt der Marc-Aurel. Also ich. Und dann Landung. Und wo? In Afrika. Klar, oder? Und schnell raus mit den Waffen weil die warten schon alle und dann wird Tiefkühlfisch eingeladen den ganzen Laderaum voll und die Temperatur runter dass die Hunde ganz schön bibbern die ganze Strecke bis New York. Und da werden erst die Fische. Und dann die Glashände in den schwarzen Truck ohne Aufschrift und falsche Kennzeichen, wie sich später. Und die Hunde? Nix wie raus aus der Transport und volle Deckung und alles beobachten.

36

Der schwarze Truck ist verschwunden. Aber die Hunde haben einen Plan. Kontakt mit den Straßenhunden! Und dann treffen sie den Igor. Der Igor ist ein total verwahrloster Straßenmischling. Drogen, Alkohol, Stress. Der General ist der Boss, sagt der Igor. Aber der General ist eigentlich weiblich. Ein riesiger äußerst eleganter Undergroundmastino. Pechschwarz. Und der. Falsch. Die kontrolliert hier fast alles, sagt der Igor. Bingo, denkt der Marc-Aurel. Und dann alle dem Igor nix wie hinterher. Doch der General hat sich versteckt. Das Gerücht von den Neuen. Und mit dem Flugzeug. Das ist natürlich total suspekt und erst mal ganz gut beobachten.

Und Bibione? Da wird wieder richtig Urlaub gemacht. Und keine Toten? Na ja. Einige schon. Aber nicht mehr die große Margarita oder die Involtini. Eher zu fett und dann Herzinfarkt oder Sonnenstich und dann Kreislaufkollaps. Und der Jovanni? Apotheke. Labor. Knallrot. Und meist den Dackel im Kopf. Also nanoklein und die Veganossi. Und der Kaftan auch knallrot und die Peggy im Kopf und die die Veganossi. Und der Hertenhubert, der Willi, die Ellen, die Marianne, der Ingo 1 und der Ingo 2? Nicht knallrot. Keinen Hund im Kopf. Und keine Veganossi. Also. Urlaub aber immer schön aufpassen.

Und die Glashandspieler in Bibione? Einige sind noch da. Die Autos usw.! Aber. Die sind scheinbar mutiert. Vielleicht eine ganz neue Sorte. Oder eine neue Generation. Die tragen nämlich rechts keinen Handschuh mehr. Also beide Hände sind voll. Aber. Der untote Stil. Also Blick, Kleidung, Bewegungen usw. Und alle den vollen *Joker*. Also die bösen Veganossi im Kopf. Zuviel liften und Botox meint der Jovanni. Also ich. Ein Mal pro Woche sind die Glashand beim Italiener und dann immer die geschlossene. Und die Peggy hat sich neulich bei den Glashand. Durch die Küche und völlig unbemerkt. Und da haben die gesagt die Schweine und wie toll das Spiel war und die Wette. Also die haben damals mit den bösen Veganossi und die nix wie rein in die Schweine und dann in die Wurst und in den Schinken und dann das Spiel und die Wette. Und dann fällt der Preis für Schweinefleisch an den Börsen. Und dann? Die bösen Veganossi nix wie raus aus den Schweinen und schnell wieder rein in die Glashand. Und dann? Die Glashand schnell her mit den Schweinen. Und dann? Dann steigt der Preis für Schweine. Und alles klar mit den Schweinen und schön viel Geld verdient die Glashand. Klar, oder?

37

New York. Die Hunde haben Kontakt aufgenommen. Der General. Der Kampf dauert nicht lange. Der General und der Marc-Aurel sind jetzt Freunde. Eigentlich deutlich mehr weil. Aber Geduld! Das kommt noch. Also. Der schwarze Truck ist aus New York. Aber die Glashände. Die sind jetzt im Finanzdistrikt. Und die weltweit wichtigsten Glashand und die immer neue Spiele aber rechts der Handschuh kaum noch. Die brauchen nämlich keine neuen Hände mehr weil die Computer und das ist jetzt alles virtuell sagt der General. Echten Glashandschach und die rechten Hände ab die Verlierer und dann die abgehackten Hände und alle einschrumpfen und dann in Glas und die neuen Glashandschachfiguren. Also das. Das gibt´ s doch nur noch in Romanen. Vielleicht mal als Ritual oder so. Die haben doch kistenweise Glashände. Das reicht für die nächsten hundert Jahre, sagt der General.

Die Glashand sehen alle gleich. Also Anzug usw. Und der Blick? Nix mehr! Ganz selten mal einer den vollen. Kombiniere. Die neuen Glashand. Evolution und Mutation weil die bösen Veganossi mit dem Gehirn und vollständig umgewandelt und verlassen auch nicht mehr und alle mit rechter Hand. Also nur noch Computer. Und den *Joker*? Den haben doch nur noch Kriegsinvaliden oder die wo die Schönheits-OP oder zuviel Botox oder schwerer Unfall. Die neuen Glashand erkennt man daran was sie. Also wie und was. Aber dann ist es meist schon, sagt der General.

Bibione ist jetzt glashandspielerfrei. Plötzlich sind die alle. Und dann der Hertenhubert und der Willi. Abreise. Und die Ellen und die Marianne. Abreise. Und der Ingo 1. Abreise. Und der Kaftanfreddy mit der Peggy und die und der Kaftan sind nicht mehr knallrot und keine guten Veganossi mehr im Kopf und nur noch eine. Abreise. Und der Ingo 2 mit dem Jumbo. Abreise. Nur noch der Jovanni und knallrote Haare und mindestens zwanzig weil die guten Veganossi und der Kopernikus auch mindestens zwanzig und knallrot weil der jetzt auch noch die guten Veganossi von der kleinen Peggy.

Der Marc-Aurel und der General. Die sind jetzt total. Und der Jacko. Und der Joschi. Alle verstecken sich im Frachtflugzeug und nix wie weg aus New York. Die haben nämlich einen ganz großen. Und der Plan? Die guten Veganossi! Die bösen sind ja fast alle mit den neuen Glashand und können nicht mehr. Also nicht mehr raus und mit dem Gehirn und mutiert usw. Nur noch die mit dem Joker. Aber kaum noch. Also. Die guten Veganossi sind ja nanoklein. Beliebig klein! Deshalb können die auch ins Stromnetz, Funknetz, Fernsehnetz, Telefonnetz, Internetz, Computernetz usw. Einfach alles. Und dann die neuen Glashand und wenn die wieder spielen und rein in die Computer die

Veganossi und dann aus den Computern raus und nix wie rein in die Glashand die guten nanokleinen Veganossi. Alter Schwede. Dann ist *Rien ne va plus* bei den Glashand. Und dann *Game over* und alle knallrote Haare und mindestens fünf bis sieben und die sind dann keine neuen mutierten Glashand mehr und aus das Spiel und gleich nanoklein werden und nix wie rein in die anderen Glashand und die auch knallrot und fünf bis sieben und aus das Spiel und nanoklein werden und rein in die anderen Glashand und die auch usw. Also. Allzu lange kann das nicht dauern bis die Welt dann glashandspielerfrei ist und die Hunde und die Roten und alle wieder ohne Glashandspieler frei sprechen und leben können.

38

Ein Gerücht meint die Jenny. Aber die Zigarettenfrau, der Fischhändler, die Judy und die alte Gräfin. Also. Der Monsignore glaubt, dass die letzten echten Glashandspieler alle im Vatikan sind. Also. Die mit dem vollen *Joker* und alle noch nicht mutiert. Die bösen Veganossi sind bei denen noch mobil. Rein und raus! Damit sie nicht so auffallen tragen sie an beiden Händen Handschuhe, meint der Monsignore. Das klingt plausibel. Oder? Also ich. Der Emil natürlich gleich die Judy. Und dann den Monsignore aber der verrät nichts. Und die Jenny weiß auch nicht und die Jane. Und der Dreirad liegt mit der Pump im Wald und immer schön lauern Tag und Nacht. Die Höhle. Aber passiert nix. Also. Die Daisy, der Hubert und der Emil die alte Gräfin. Die war ja Glashand und kennt bestimmt. Und dann gibt die Gräfin den entscheidenden. Der alte Kurienkardinal. Der trägt nur rechts. Angeblich Kriegsverletzung. Und ui. Der Kurienkardinal. Der ist Exorzist und immer den vollen.

Und dann stürmen sie über den Hof. Und nix wie rein in die Eingangshalle der Jacko, der Joschi, der Marc-Aurel und der schwarze General aus New York. Und dann ganz große Begrüßung und alle beschlabbern und der Emil gleich die Cam. Und dann erzählen die Hunde von den neuen Glashand und alle total mutiert und spielen Computer und brauchen keine Glashände mehr und die bösen Veganossi und das Gehirn. Alter Schwede. Da staunen die Gräfin, der Emil und die Anderen. Und der Emil sofort den Jovanni. Und der Jovanni das ganz schnelle Internetnotebook und das Satellitentelefon denn die abhören geht gar nicht. Und abends schon im Gebirgsdorf. Der knallrote Jovanni und der knallrote Kopernikus. Und ganz große Freude. Und ganz große Begrüßung. Und dann nix wie rein ins Restaurant und alle kräftig essen und trinken. Etwas abseits sitzt ein grauhaariger Mann. Und der hat den ganz leichten. Also noch nicht den vollen den *Joker*. Klar, oder? Der Fischhändler kennt den Commissario und gleich Hallo und wie geht's. Aber der Commissario. Der ist nicht sehr gesprächig. Eher beobachten und dann geht er wieder. Auch in den folgenden Tagen taucht er auf. Mal geht er über den Marktplatz. Mal sitzt er vor der Bar. Und der Emil natürlich den Kommissar mit der Cam und *Vorsicht Falle* und versteckte Kamera. Und die Judy hat schon schön recherchiert. Geheimdienst, meint die Judy. Und die Jenny hat ein ganz geheimes. Also der Geheimkommissar mit dem Monsignore. Und die haben dann immer lauter und hin und her und mal der Monsignore und mal der Kommissar. Und manchmal beide. Bis weit nach Mitternacht. Und dann ist der Geheimkommissar ganz leise aus dem Hintereingang, sagt die Jenny. Aber die Hunde. Die Hunde schleichen lautlos hinterher. Und dann hören sie den Kommissar in seinem Zimmer flüstern. Und irgendetwas zischt oder flötet. Aber alles ganz leise. Und ui. Der Kommissar. Der flüstert eine ganz seltsame. Eine Geheimsprache, vermutet der General. Aber mit wem flüstert der Geheimkommissar nachts? Und immer dieses Blinken. Irgendetwas huscht dann durch das offene Pensionszimmerfenster des Commissario. Vielleicht faustgroß. Und fliegt blitzschnell davon. Und der Emil mit der Jane. Und die Jenny mit dem Monsignore. Und die Daisy und der Hubert. Und der knallrote Jovanni. Der hat ja die nanokleinen guten Veganossi im Kopf. Und der knallrote Kopernikus. Und alle haben nichts gemerkt. Aber die Hunde. Falsch! Der Dreirad auch. Der lauert nämlich im Wald über der Höhle und ganz knapp über den Bäumen dann das Ufo. Und der Dreirad gleich volle die Breitseite mit der Pump und sofort nachladen und gleich noch mal. Und zweimal ganz laut krachbumm. Aber schade. Daneben.

Der Geheimkommissar raucht ganz gedankenversunken. Janus. Und die Sonne brennt. Und der Käsehändler berät die Touristen. Der Fischhändler raucht auch Janus. Die Marktfrauen füllen Plastiktüten. Und die Zigarettenfrau sitzt vor der Bar. Auch Janus. Und der Monsignore steht vor der Kirche. Und die Anderen sitzen vor der Bar. Und der Emil spricht mit der Judy. Und der Hubert und die Daisy wandern. Und der Dreirad knattert durchs Dorf. Markt.

Und dann wird der knallrote Kopernikus nanoklein und nix wie rein in den Kommissar und die nanokleinen guten Veganossi. Und der Kommissar gleich fünf bis sieben und knallrote Haare. Und dann wird der Kommissar nanoklein und den nanokleinen Dackel im Kopf und die nanokleinen guten Veganossi und dann nix wie rein in das ganz schnelle Internetnotebook und das Satellitentelefon vom Jovanni und ab in den Vatikan. So. Jetzt kann´ s losgehen.

Also. Der Geheimkommissar. Der war mit den Veganossi. Nicht die guten! Und dann sind die nachts alle raus aus dem Commissario und nix wie rein in den Bart. Und dann durchs offene Pensionszimmerfenster und nix wie weg mit dem Bart. Und der Dreirad noch kräftig mit der Pump im Wald. Aber die bösen Veganossi zum Dreirad ätsch daneben und schnell weiter mit dem Bart und ab in den Vatikan. Und da sind sie dann im Garten gelandet. Und alles nur nachts. Klar, oder? Und jetzt pass auf! Genau drei Tage später wird der Vatikan abgeriegelt. Also. Überall Carabinieri, Soldaten, Geheimdienst, Reporter usw. Und jetzt rat mal was in der Zeitung. „Einarmige Kirchenzombies verwüsten den Vatikan." Und alle den vollen *Joker*. Also ich. Der Papst natürlich nix wie weg mit dem Hubschrauber. Und fast der ganze Kirchenstaat. Auch nix wie weg. Und jede Nacht Kirchenzombiealarm im Vatikan und die Armee volle Deckung und immer schön aufpassen.

Die Exorzisten. Also die *einarmigen Banditen*. Die sitzen nämlich nachts im Vatikan vor ihren superschnellen Supernotebooks. Und die sind über die abhörsicheren superschnellen Supersatellitenhandys. Glashandschach. Zum Beispiel Schweine haben Aids und dann der Preis runter und die Börse. Und ätsch angeschmiert. Wir haben gewonnen. Oder Flugzeugabsturz. Und schon wieder ätsch angeschmiert. Wir haben gewonnen. Oder Gold her aber schnell. Und der Preis hoch und die Börse. Und schon wieder ätsch angeschmiert. Wir haben gewonnen. Oder Krieg. Und dann her mit dem Öl. Und ätsch. Total angeschmiert. Wir das Öl und ihr seid tot. Oder kein Wasser mehr. Und ätsch angeschmiert. Usw. Klar, oder? Und jetzt ui. Die neuen Glashand. Also die mutierten ohne den *Joker*. Wall Street usw. Die haben in der Verlängerung eins null gegen die alten Glashand gewonnen. Schweine, Gold usw. Endspiel! Und dann *Game over* für die Exorzisten. Der ganze Flipper blinkt. Und die Kugel geht nicht mehr. Und dann fliegen blinkende Teufel durch die Luft. Und Dämonen stinken. Und überall höllische Grunzgeräusche. Und der einarmige Kurienkardinal wimmert vor seinem abgestürzten Notebook um Hilfe. Und die ganzen anderen Exorzisten. Und dann spielt das Höllenorchester und die Einarmigen tanzen den *Veitstanz* durch den Vatikan, und alle haben den vollen *Joker*. Und dann ein riesiger Knall. Und alle Exorzisten werden nanoklein. Also. Die nanokleinen Exorzisten und die nanokleinen bösen Veganossi: Nix wie rein in den Bart und nix wie weg mit dem kleinen Ufo. Und die neuen Glashand? Die börsen natürlich weiter. Zum Beispiel Geld her. Oder ätsch angeschmiert Geld weg. Oder ätsch es gibt kein Wasser mehr für Euch. Oder da kuckt ihr aber und ätsch das Essen wird jetzt teurer. Oder die Schweine haben Aids. Usw. Aber. Die haben keinen *Joker* mehr weil die bösen Veganossi mutiert und das Gehirn. Und die bösen Veganossi sind nicht mehr nanoklein und können nicht mehr raus. Und wenn ein neuer Glashand stirbt? Dann können die nicht mehr raus. Klar, oder?

Und ui. Der nanokleine rothaarige Geheimkommissar und den knallroten nanokleinen Dackel im Kopf und die guten Veganossi. Der sitzt im Computer vom einarmigen Exorzisten und hat alles. Und dann nix wie raus aus dem Computer und der Kopernikus nix wie raus aus dem Kommissar und die guten Veganossi. Und die einarmigen Kirchenzombies sind spurlos verschwunden. Und der Kommissar ist wieder grauhaarig und ganz groß. Und dann kommen sie zurück in den Vatikan und der Papst mit dem Hubschrauber. Und alle dass der Geheimkommissar den Vatikan und der knallrote Dackel. Also. Helden. Und die Zeitung schreibt: „Mutiger Geheimkommissar befreit den Vatikan von einarmigen Kirchenzombies!" Und dann wird der Kommissar befördert und bekommt ganz viele Orden. Und der knallrote Kopernikus mit den guten Veganossi im Kopf? Der fährt schwarz. Also ganz unbemerkt mit dem Laster zurück ins Gebirgsdorf.

39

Der Dackel ist wieder da. Und der knallrote Jovanni freut sich riesig. Und alle. Und ganz große Begrüßung. So. Und später wird eine Strategie. Also wer wie was wann und wo. Aber. Erst mal ein ganz großes Fest auf dem Dorfplatz. Essen, trinken, tanzen. Und das Wetter spielt mit. Und kein Regen. Und auch abends südlich warm. Und dann wackelt das ganze Gebirgsdorf. Und die Hunde hüpfen auf und ab. Und alle laufen hin und her. Und die Musikkapelle spielt. Und der Esel schreit Ia. Und die anderen Esel. Und der Dreirad knattert hin und her und bringt. Und die alte Gräfin. Die trinkt viel Wein. Und den Kräuterschnaps. Und raucht Janus. Und fast alle. Na ja. Der Emil. Der ist Nichtraucher und wenig Alkohol und alles mit der Cam.

Und jetzt pass auf! Die Strategie. Alle Hunde haben am nächsten Tag die nanokleinen guten Veganossi im Kopf und der knallrote Jovanni. Und der gibt die nanokleinen Guten auch an den Emil, die Daisy, den Hubert usw. Aber die Hunde geben auch. Also. Alle werden knallrot und nanoklein. Das ganze Gebirgsdorf. Und alle die guten nanokleinen Veganossi im Kopf. Und dann nix wie rein ins Internet. Und dann alle knallrot nanoklein superschnell ab nach New York. Wall Street! Und da sitzt dann das ganze nanokleine süditalienische

Gebirgsdorf und alle knallrot und nanoklein und die nanokleinen guten Veganossi im Kopf in den ganzen Computern, den Satellitenhandys, den vielen Kabeln usw. Und dann raus aus den Computern, Kabeln usw. und nix wie rein in die Banker und Broker. Und die mutierten bösen Veganossi in den Köpfen von denen? Die können nix gegen die nanokleinen guten Veganossi und die nanokleinen Knallroten machen. Die mutierten Veganossi sind gegen diese Invasion machtlos. Also. Die neuen mutierten Glashand, also die Banker und Broker, die werden schlagartig knallrot und mindestens fünf bis zwanzig. Und dann geht´ s los. *Game over.* Und dann weg damit. Also. Das ganze Gold nach Bangladesh, nach Afrika usw. Und weg mit den Dollars. Und wohin? Zu den Armen. Weltweit. Und dann wird die Börse zugesperrt. Und immer mehr knallrote Millionäre und Milliardäre verschenken weltweit ihre Vermögen und werden knallrote Straßenmusiker usw. Na das kann ja heiter werden. Also ich. Und dann werden immer mehr Präsidentinnen, Kanzlerinnen und Präsidenten, auch in China und in Russland und in den USA und in Europa und in Afghanistan und überall, knallrot und mindestens fünf bis zwanzig. Und dann nix wie weg mit der Armee und weg mit dem Öl und weg damit. Und raus mit den politischen Gefangenen und Freiheitsfestivals und feiern, schenken und abgeben. Überall. Und das geht immer so weiter. Weltweit.

40

Der Rostockringo. Der hat jetzt einen Lamborghini. Den hat ihm der Vorstand von der Bank, da wo er sein Konto hat, geschenkt. Nimm mit, hat der Vorstand zum Rostock gesagt. Den brauch ich nicht mehr. Der gehört jetzt Dir. Und knallrote Haare hat er jetzt, der Vorstand. Und einen ganzen Karton mit Geld hat der Vorstand dem Rostock auch noch. Und die *Rolex*. Da hat er aber geschaut, der Rostock. Und die Morgana ist schon im siebten. Zwillinge. Die kommen bald. Und der Rostock ist bei den Nazis ausgetreten. Die brauchen wir sowieso nicht mehr, hat er zur Morgana gesagt. Und dann hat der Rostock den Bioladen aufgemacht. Und nebenbei restauriert der Rostock alte Häuser.

Der Tattilungo. Also dieser dicke afrikanische Diktator. Der hat sein Diktiergerät weggeschmissen. Nein. Andersherum. Der Tattilungo hat mit dem Diktieren aufgehört und deshalb braucht er auch dieses Diktiergerät nicht mehr. Der hat nämlich zusammen mit den Ölscheichs eine Bürgerinitiative gegründet. Also. Alle knallrote Haare und weg mit dem Geld und weg mit dem Gold und weg mit dem Öl und kein Krieg mehr usw. Die nennen sich jetzt *Wüstenhippies* und verteilen alles an alle. Und die *Wüstenhippies* alle den Kaftan und immer barfuss. Und in Afrika und bei den Ölscheichs, da sind überall diese Festivals und alle haben jetzt genug zu essen und zu trinken und überall Hippies und *Love*, *Peace* und totale *Flowerpower*. Also. The *Year of Love*. Und die bauen jetzt lauter Trinkwasserpipelines durch Afrika und bei den Ölscheichs. Falsch. Die Ölscheichs gibt's ja gar nicht mehr. Die sind ja jetzt alle *Wüstenhippies* und knallrote und mindestens fünf bis zwanzig.

Und die *New York Times*. Die schreibt: "Das Börsendesaster! Verschenkzombies geistern Tag und Nacht durch den Finanzdistrikt." Also. Die Börsianer und Broker. Alle knallrote Haare und weg mit der *Rolex* und weg mit dem Riesenauto und weg mit den Immobilien und weg mit den Aktien und weg mit dem vielen Geld. Verschenken an alle. Und die *Börsenhippies* stehen überall im Finanzdistrikt mit großen Kartons auf den Straßen und machen Musik. Und jetzt pass auf! Die Kartons. Die sind voll mit Geldscheinen, Goldmünzen und teurem Schmuck. Und davor steht immer das gleiche Schild: „Nimm mit soviel du willst!" Aber was ist, wenn die Kartons leer sind? Gute Frage. Also ich. Aber die Antwort ist einfach. Dann werden die ganzen Kartons nämlich alle wieder voll gemacht. Denn das Motto ist klar. Weg damit und alles muss raus. Und dann freuen sich die *Börsenhippies* und spielen auf ihren Instrumenten und tanzen und singen. Klar, oder?

41

Die Jane und die Jenny. Die kriegen jetzt nix mehr vom Arbeitsamt. Die Arbeitsämter sind nämlich geschlossen. Also abgeschafft. Endgültig. Aber die brauchen auch nix mehr vom Arbeitsamt. Die Jane ist jetzt mehrfache Millionärin. Der Bankdirektor mit den knallroten Haaren! Und die Jenny. Die hat den Monsignore geheiratet. Und der ist jetzt natürlich kein Monsignore mehr. Der Monsignore hat nämlich gemeint nix wie raus aus der Kirche und nie wieder Zölibat und nie wieder den Pastor spielen. Die beiden sind jetzt auch Millionäre.

Da ist es dem Emil aber ganz anders. Der hat nämlich den Film dem Verlag gegeben. Und der Verlag gleich die Polizei und die Rettung und die den Emil gleich ab in die geschlossene Psychiatrie und von da haben ihn dann der knallrote Jovanni und der knallrote Kopernikus befreit. Die nanokleinen guten Veganossi! Und dann hat der Emil die nanokleinen guten Veganossi auch im Kopf und alle, der Emil, der Jovanni und der Kopernikus, werden nanoklein und dann rein in den Psychiatriecomputer und nix wie weg im Internet und nach Bibione. Und da wohnt jetzt der knallrote Emil mit dem knallroten Jovanni und dem knallroten Dackel. Und der Emil kann jetzt fünf bis zwanzig und ist *Natur- und*

Landschaftsführer und nie wieder Reporter, sagt der Emil. Mal sehen.

Was mit der Judy ist weiß niemand. Die Judy ist plötzlich verschwunden. Vielleicht hat die Judy etwas entdeckt und deshalb. Verdeckte Ermittlungen und Recherchen?

Nur die Jenny weil die mit dem Monsignore und der Joschi. Sonst haben alle das süditalienische Gebirgsdorf verlassen. Der Marc-Aurel und der schwarze General haben Nachwuchs und alle bei der alten Gräfin. Fünf gesunde Welpen und alle schon drei bis fünf, also Italienisch, Französisch, Russisch, Chinesisch und Afghanisch. Tendenz steigend.

42

Die durch die guten nanokleinen Veganossi und ihre Verbündeten ausgelösten internationalen Ereignisse haben das kleine süditalienische Gebirgsdorf, wenn überhaupt, höchstens gestreift, und Veganossi, ob gute oder dämonische, gibt es hier keine mehr. Die kahlen Bäume strahlen in der Herbstsonne. Der Dreirad sitzt mit dem Fischhändler vor der Bar. Und die Zigarettenfrau. Und die Anderen. Espresso, Rauchen, Zeitung lesen. Keine Tagesgespräche.

Und übrigens. Die Veganossi. Die sind offenbar weltweit komplett verschwunden. Es gibt keine Knallroten mehr. Beim Jovanni sind sie nachts und beim Kopernikus, und die sind jetzt auch nicht mehr knallrot und höchstens noch drei. Auch beim Emil. Und dem haben sie ganz leise noch etwas zugeflüstert, bevor sie aus seinem Kopf verschwunden sind. Das hat der Emil aber nicht verstanden.

Also. Die vielen Geschenkmillionen. Die sind weltweit nämlich ganz schnell ausgegeben. Und *Börsenhippies* gibt es auch keine mehr. Und an der Wall Street regieren jetzt wieder die Banker und Broker. Und alle börsen wieder und Geld her und Geld weg usw. Und die Armen sind jetzt wieder arm und werden immer ärmer. Es gibt auch keine *Wüstenhippies* mehr. Die sind nämlich alle wieder

Ölscheichs oder Diktatoren. Oder beides. Alles beim Alten? Mal sehen.

Der Hertenhubert hat schon telefoniert. Und alle kommen. Auch aus Italien. Und diesmal im Saal von der Stammkneipe weil so viele. Das Herbsttreffen. Ich sag nur: Bibione! Die dicke Hannelore wiegt hundertsiebzig und der Max bestimmt auch und die Hannelore und der Max sind die Wirte und die haben schon schön. Alles ist vorbereitet. Das Spanferkel am Grill und dreht sich. Der Riesentruthahn am Grill und dreht sich. Ein besoffener Gast am Stammtisch und fällt vom Stuhl und dreht sich. Kalte Platten. Warme Platten. Alles. Und der Beamer im Saal. Und die riesige Leinwand. Und erst mal zwei bis zehn Begrüßungskorn und fünf bis zwanzig Begrüßungspils an der Theke und dazu jeder die dicke Zigarre. Also. Der Emil hat noch eine Kopie vom Camfilm und die wird auch. Und die Digitalfotos vom Hertenhubert und vom Willi und vom Ingo 1 usw. Beamer! Und kräftig trinken und essen, und das hab ich ja auch noch nicht gesehen, und das ist ja toll, und zeig doch noch mal das von vorher. Den ganzen Abend. Und nach Mitternacht dann der Camfilm vom Emil. Und jetzt pass auf! Genau zwanzig Minuten. Und der Emil gleich auf die Uhr. Und der Beamer flackert. Und dann unheimliche Knurr- und Grunzgeräusche. Und dann geht das Licht. Und der Hertenhubert total entsetzt und der Willi und alle. Der Strom im Saal ist total aber die Gaststube. Alter Schwede. Da stehen die dicke Hannelore und der dicke Max hinter der Theke. Und beide den vollen *Joker*. Also ich. Und dann tanzt die Wirtin den *Veits*. Und der Wirt auch den *Veits* und nur rechts herum und noch schneller und die Wirtin und irgendwann alle. Und nix wie rein mit dem Korn und immer rein mit dem Pils und noch eins und noch mehr bis alle total und die Musikbox und rumtata und bumsvallera und jede Menge Flüsterstimmen im Kopf. Und die Daisy wie frisch nach dem Schulbusunfall und der Hubert total entsetzt und lautes Flüstern im Kopf. Und der Rostock läuft laut grölend durch die Kneipe und eins zwei eins zwei und hoch den rechten Arm und drei vier das *Horst Wessels* dass die Morgana und fünf sechs die Morgana auch den vollen *Joker* aber sieben acht keine Stimmen im Kopf. Also. Die Veganossi sind wieder da. Der Camfilm! Die haben sich nanoklein im Digital vom Emil.

Die gotische Bluesrockparty endet im Morgengrauen. Der riesige Flüssiggastank an der Rückseite des Gasthofs. Günstiger wird das Gas vorm Winter nicht mehr, hat die Hannelore zum Max. Und der gleich: Vollmachen! So. Der prallvolle Tank explodiert und bläst den Gasthof. Bis auf die Grundmauern, das Fernsehen und die Zeitungen. Und Dutzende Verletzte. Und jetzt kommt´s. Die Kripo! Die sucht den einarmigen Fremden. Brandstiftung? Und noch was! Der Explosionsknall. Der hat den *Joker* und die Flüsterstimmen wieder. Die sind jetzt bei allen weg.

43

Und im nächsten Jahr? Der Urlaub steht unter keinem guten. Überleg mal vorher. Was schon alles bei denen. Kein Problem? Klar. Du sagst wie oft ist wichtig. Jetzt wart mal. Also der Emil. Mindestens einunddreißig Mal. Nicht nur paar Tage. Das bringt nämlich gar nichts. Aber jetzt pass auf! Immer die Galle und die Fettleber, sagt der Arzt, aber nicht die Leber. Doch der Emil dass er kein Mädchen und: Italien ist ja EU und Norditalien noch näher, fast schon Südtirol, also am Meer, was soll da die Galle und die Fettleber? Klar, oder? Einige Risiken schon. Denk mal Sommer. Schön heiß und der Sand, also die Füße, wenn du zwischen den Liegen. Aber: Die Schirme und das Wasser und immer schön einschmieren.

Und jetzt die dicke Jenny. Arbeitslos. Und der Monsignore. Auch arbeitslos. Und der schwule Pikinese. Auch arbeitslos. Und die Jane, also die Schwester von der Jenny, ist schon drüber. Hartz 4. Aber da gibt´s ja Kurse, doch die Jane macht keinen mehr weil die jetzt mit dem Emil. Aber wie lange meint die Jane: ich weiß nicht.

Und der Hubert? Na ja. Die Schule. Total anders. Seit kurzem Frührentner! Wie die Daisy. Die Daisy ist ja auch Frührentnerin. Biologielehrerin. Der Schulbus mit voller. Also von vorne. Hat lange gedauert. Das Gesicht! Heute hat die Daisy den Jacko aus der Klinik. Hodenkrebs und gleich kastrieren! Aber die Daisy und der Hubert sind doch totale Pazifisten und kastrieren ist Gewalt. Hat viel gekostet aber jetzt geht's wieder. Ach so. Und dass der Jacko immer so viel kotzen musste, dass sie schon meinten Gift, aber war nicht. Die haben dem Jacko da schon oft geholfen, denk mal damals, als der große Hund den Jacko, aber der war gar keine läufige Hündin und das hat bestimmt ganz schön weh getan und hat ordentlich. Aber jetzt zum Urlaub. Das ist ja super, hat die Daisy gemeint. Also dieses Jahr und nie wieder die Schulferien. Und der Hubert braucht keinen Trick mehr mit der Fortbildung und den Ferien und nur dann geht' s auch mit dem Urlaub.

Die Morgana. Also ich glaub die stellt sich die ganze Sache. Ist doch klar. Mit dem Rostock und die Kinder. Und der alte Twingo. Gut, Schiebedach, aber sonst. Früher war sie ja mit dem Hans-Dieter. Aber mit dem ist sie ja nicht mehr, also schon über ein Jahr. Und der Hans-Dieter ist ja früher sowieso immer alleine. Deswegen war die Morgana ja letztes Jahr. Aber dafür in dem Jahr auch wieder und ohne. Klar, oder?

Und jetzt wird' s spannend! Die Zwillinge aus Essen haben schon gebucht hat der Hertenhubert am Telefon, also die blonde Ellen und die blonde Marianne.

Und der Emil ist ja nicht mehr bei der Zeitung. Arbeitslos. Aber der Emil: Urlaub und immer auf der Lauer liegen. Bibione! Hat sich was mit der Strömung, oder nur die Algen? Und der ahnt schon. Wieder wie. Ich sag nur: italienische Bergdörfer. Und die rechten Hände. Und die Judy. Und natürlich die Hunde.

Die Daisy und der Hubert, eigentlich ja zuerst der Vater von der Daisy, der Emil usw. Die wissen ja dass die Hunde sprechen können. Der Jacko: Englisch, Deutsch und Italienisch. Der Marc-Aurel sieben, italienischer Bergdorfhund, Mastino, also der Freund vom Jacko und vom Joschi. Und die Frau vom Marc-Aurel und die Kinder. Wie war das denn beim letzten Mal? Die Veganossi!

Und jetzt pass auf! Denk doch mal dieses Jahr. Ich meine kommt ja alles erst noch. Alter Schwede! Also ich.

Epilog
I

Also der Hubert, der hat ja im Winter kräftig recherchiert, und der Jacko spricht kein Wort mehr seit die ihn in der Klinik kastriert haben, aber der hatte ja den Hodenkrebs, und die Daisy ist auch in der Klinik, weil sie immer die Stimmen hört, aber nicht die Veganossi, glaubt der Hubert, der hat nämlich mit dem Jovanni telefoniert, und der Jovanni ist ja Apotheker in Bibione. Natürlich die Medikamente, sagt der Jovanni, und die bekommt die Daisy ja ordentlich viele in der Depressionsklinik, und die Frau Doktor hat zur Daisy gesagt, dass die vielen Psychotabletten gar nicht so stark wären wie die Daisy meint und kaum Nebenwirkungen, aber die Daisy staunt nicht schlecht, dass sie jetzt immer größere Brüste und die Glatze kriegt, und die Stimmen werden auch nicht weniger aber leiser und dazu die Dauertrance, dass der Hubert schon meint quasi *LSD*.

Neulich hat der polnische Klinikpastor dem depressiven Walter den Teufel ausgetrieben, und dem Walter sind dann im Exorzismusraum die Teufel so stark ausgefahren, dass er durch die Wand gleich mit ist. Und am nächsten Tag ist der Walter ganz steif gefroren auf der Klinikbank vorm

Klinikedeka gesessen. Die haben ihn dann zwar ganz langsam wieder aufgetaut, aber so richtig funktioniert hat der Walter danach nicht mehr.

Der Frau Doktor hat der Walter erzählt, dass er in einer außerirdischen Welt war, wo lauter Hunde und andere Tiere rumrennen, die sich in Menschen verwandeln und alle zaubern können, und fliegen können die auch alle, hat der Walter der Frau Doktor und der Daisy verraten, und dass er überhaupt keine Ahnung hat, wie er aus der Zauberwelt auf die Edeka Bank geflogen ist, aber einen Verdacht hat er schon, nämlich mit dem großen schwarzen Zauberhund.

Da hat die Frau Doktor ganz seltsam geschaut und dann schnell die große Konferenz gestartet, und dann hat der Özgül, also der dürre Chefarzt, dem Walter die dicken roten Tabletten verordnet, und dann haben der Özgül und die Frau Doktor ganz schön gestaunt, dass der Walter gleich nach der ersten die Stimmen hört, aber nur ganz leise.

Jesus, Maria und Josef, hat die Daisy dann später gerufen, aber der Walter hat sie um die allerhöchste Verschwiegenheit gebeten, quasi Klinikblutsbrüder und uraltes Indianerehrenwort, sonst würde er der Daisy nämlich nie wieder solche ganz intimen Sachen verraten und auch nicht, was die Stimmen flüstern und was die Frau Doktor und der Özgül für einen Blick aufgesetzt haben, als er ihnen von diesen brandneuen Flüsterstimmen berichtet hat, und damit ist die Daisy natürlich sofort einverstanden, quasi Stimmenflüsterer unter sich.

Pass auf. Die ganze Zeit ist die Daisy wie wenn der Vorhang zu wäre, und dann geht der Vorhang wieder auf bei der Daisy, weil der Franz einen Gedanken in die Daisy hineinsendet, quasi Erleuchtung. Also. Der Franz hat ja den großen Bauernhof, aber weil dem Franz die Elvira mit den vier Kindern weggelaufen ist, quasi neue Liebe, hat der Franz mit dem Bauernhof aufgehört und kriegt jetzt auch die vielen Psychotabletten, weil der Franz, seit die Elvira mit den Kindern weg ist, die Stimmen hört, und auch nur ganz leise. So. Und dann verrät der Franz nämlich der Daisy, was die Stimmen zu ihm gesagt haben. Da ist die Daisy aber total geschockt, und dann sagt der Franz auch noch drei Mal den italienischen Urlaubsortsnamen, bevor der Franz wieder im Kreis läuft und die Selbstgedrehte raucht, quasi Brummkreisel. Der Franz hat eine rote Glatze, und da denkt ja auch niemand an die knallroten Haare, aber der Hubert, weil der mit dem Jacko die Daisy besucht und weil die Daisy dem Hubert Bibione sagt und dass die nanokleinen Veganossi im Kopf vom Franz flüstern. Dann hat der Hubert mit dem Franz die Selbstgedrehte geraucht und ist mit ihm die viertel Stunde im Kreis gelaufen und die Daisy mit dem Jacko hinterher, und dann sind die Veganossi wie die Flöhe vom Franz auf die Daisy, den Hubert und den Jacko gehüpft, dass die Daisy danach gleich noch mehr Stimmen hört und der Hubert und der Jacko jetzt auch, und der Jacko kann wieder sprechen und die Hoden sind repariert, quasi Wunder und kein Hodenkrebs mehr.

Da haben der Franz, die Daisy, der Hubert und der Jacko aber ganz schön gestaunt, und dann können die plötzlich die vielen Fremdsprachen sprechen, und jeder hat die knallroten Haare und hört die vielen Flüsterstimmen, weil die jetzt die nanokleinen Veganossi im Kopf haben. Alter Schwede.

II

Der Özgül hat den Braten natürlich gerochen, und dann haben sich die Frau Doktor und der Özgül auf die Lauer gelegt.

Und jetzt du. Du fragst dich das doch auch wie das funktioniert. Also die Stimmen, die knallroten Haare, die vielen Fremdsprachen und das alles.

Und die Frau Doktor und der Özgül haben sich das auch gefragt, und dann haben die mit den versteckten Ermittlungen begonnen, quasi *Sherlock Holmes*.

Also pass auf. *Am Anfang war das Licht*, also die Stimmen, aber die sind ja vielleicht doch psycho, quasi schizzo, meint die Frau Doktor. Aber dann kommen die knallroten Haare beim Franz dazu, also vorher die rote Glatze und nachher die knallroten Haare und keine Perücke, und bei der Daisy, dem Hubert und dem Hund, also dem Jacko, auch. So. Und der Hund kann sprechen und hat wieder Hoden, denk mal die Klinik, quasi umgekehrte Explantation, und alle können die Fremdsprachen ohne die Schule. Also ich.

Aber der Özgül glaubt Medikamentenallergie, und alles sofort absetzen und die Intensivüberwachung, und die Frau Doktor glaubt schlechter Scherz, aber wie.

Und dann?

Eigentlich wäre die Geschichte ja hier schon zuende, denn die roten Haare sind bei allen ganz ohne ersichtlichen Grund eines Nachts wieder verschwunden, es muss nachts im Schlaf passiert sein, denn am nächsten Morgen offenbart der erste Blick in den Spiegel allen diese unerwartete Neuigkeit, quasi Rückwärtsevolution. Der Franz hat wieder seine Glatze, die Daisy hat die dicken Brüste und fast schon eine Glatze wegen der vielen Psychopillen, und der Hubert ist auch wieder ganz der Alte, und der Jacko ist wieder sprachlos und hat keinen roten Pelz mehr, ach so, und die neuen Eier haben den Jacko über Nacht wieder verlassen, quasi Eunuche wie vorher aber krebsfrei, und die Flüsterstimmen haben das Flüstern bei allen vollständig eingestellt.

Kombiniere, sagt der Hubert: Spontanremission also Wunder, und zum gleichen Ergebnis kommen auch der Özgül und die Frau Doktor, und dann sind die Daisy und der Franz also geheilt und werden vom Özgül und der Frau Doktor psychopillenfrei entlassen.

Nur der Walter macht der Frau Doktor große Sorgen, und damit beginnt dann auch die eigentliche Geschichte.

III

Der diesjährige Bibione Urlaub rückt spürbar näher, denn der Kaftanfreddy hat schon Urlaubskarten aus Marokko geschrieben, und der Rostockringo fängt gerade seine letzten Heringe im Hafenbecken von Rostock, und schon Ende Mai, und alle haben bereits umfangreiche Urlaubsvorbereitungen getroffen, und du fragst dich sicher auch warum denn Bibione, quasi Oktoberfest an der Adria, sonst nix. Also ich. Der Hubert hat das Einkaufen noch nie mögen. Das ist feindliches Gebiet, sagt er. Lauter Wahnsinnige im Drogenrausch, besonders dann, wenn die vorher beim Arzt waren. Betablocker, Antidepressiva und was die sonst noch alles einschmeißen. Der Hubert ist Mitte fünfzig. Bierbauch. T-Shirt Größe XXL. Hosengröße 42/34. Jackengröße 58 und Schuhgröße 11einhalb. Und die Prostata, die Ejakulationsstörungen, die Schlafstörungen, der Blutdruck und die Nerven.

Der Hubert ist jetzt Frührentner, also seit kurzem, also der, der mit der Daisy verheiratet ist, früher Kunstlehrer, Halbglatze, Dreitagesbart, Atomkraftgegner, Umweltverschmutzungsgegner, Ausbeutungs- und Kapitalismusgegner, Pazifist, quasi rotgrün.

Irgendwann hat der Hubert zur Daisy gesagt, dass Sprache eine tödliche Waffe ist weil niemand den

Anderen so richtig versteht, und deshalb muss die Waffe entschärft werden aber wie.

Also folgendes Beispiel: Die Worte *Leber* und *Schmutz* auf Deutsch und der Satz *it´ s to buy* auf Englisch sollen entschärft werden, und da gibt es ja nicht nur die unterschiedliche Bedeutung der Worte sondern auch noch die beiden unterschiedlichen Sprachen Deutsch und Englisch und natürlich auch noch die grundsätzliche Frage warum es gerade diese Worte und diese Sprachen sein sollen, quasi warum nicht Chinesisch oder Afghanisch.

Der Hubert sagt nun, dass Worte sowieso niemals so bei Anderen ankommen und verstanden werden, wie sie gesagt oder geschrieben werden, und noch schwieriger wird die Sache bei Sätzen, Kapiteln, Artikeln oder ganzen Büchern, und dann stell dir mal eine ganze Sprache vor oder mehrere und die dann alle miteinander, quasi Kosmos, also sagt der Hubert Entschärfung durch Verknüpfung und Sinnvereinfachung, quasi Kindersprache, und aus den Worten *Leber* und *Schmutz* macht er dann *Leberschmui* und verknüpft das neue Wort mit dem englischen Satz *it´ s to buy*, und daraus wird dann das sprachübergreifende, kindlich vereinfachte und entschärfte, quasi entwaffnete, neue Wort *Leberschmuiitstobuy*. Klar, oder?

Mann war das furchtbar, sagt der Hubert, und dann gleich beide Eltern. Flüchtlinge haben die Leute im Dorf damals die Heimatvertriebenen genannt. Die wurden nicht vertrieben, die sind einfach abgehauen, bei Nacht und Nebel, wie die

Zigeuner kommen die angetippelt, immer auf der Suche, wo sie sich einschleichen oder was klauen können, und solche Tippelbrüder mag keiner, weil die sind ja noch schlimmer wie die Zigeuner, und auf die ist ja auch kein Verlass, haben die Leute im Dorf immer gesagt, und der Hubert ist Einzelkind.

Jetzt sag bitte nichts mit Menschenwürde, sagt der Hubert. Denk an die leere Kolaflasche, die in Afrika vom Himmel fällt, und dann ist das Leben der Primitiven vorbei, quasi Evolution.

Die Daisy ist ja auch Frührentnerin. Einszweiundsechzig. Zweiundneunzig Kilo. Früher Lehrerin. Biologie usw. Diese Bioleute sind ja immer so abwesend, weil die überall die Pflanzen und die vielen Tiere entdecken, sogar in der Großstadt. Und dann ist die Daisy direkt vor der Schule frontal vor den Schulbus gelaufen, quasi Totalschaden bei der Daisy, und am meisten das Gesicht. Da haben die Schönheitschirurgen ganz schön Arbeit mit der Daisy gehabt, und dann haben die ihr das Filmschauspielergesicht modelliert, fast genau so eins wie der *Jack Nicholson* in dem *Batman* Film hat, quasi *Joker*. Besser ging´ s nicht, haben die Doktoren gemeint, und seitdem hat die Daisy das Dauerlachen und ist trotzdem dauernd traurig, quasi Depression.

Nein, der Emil, der hat ja schon soviel rumtelefoniert, und immer gab es nur Absagen, denn der Emil war ja bei der Zeitung, und dann hat er ja zuerst in Bibione die unklaren Todesfälle untersucht, und dann hat er mit den Anderen im Gebirge recherchiert und die Glashandspieler enttarnt, und die waren ja mit einigen Veganossi verbündet und zwar nur mit ganz bestimmten, sozusagen schwarze Magie mit einigen nanokleinen Außerirdischen, und die blieben dann nanoklein für immer in den Köpfen von diesen Bankern, Brokern, Kirchenfürsten, usw., und diese Story hat der Emil dann dem Verlag gegeben, und die vom Verlag haben den Emil gleich in die Geschlossene einweisen lassen, quasi umgekehrter *Pulitzer*, und fristlos gekündigt haben die vom Verlag dem Emil auch gleich, und der Jovanni, also der Apotheker in Bibione, der hat den Emil wieder rausgeholt aus der Geschlossenen, und dann hat der Jovanni dem Emil auch noch den Job als Geisterjäger beim italienischen Fernsehen besorgt.

Und jetzt pass auf! Der Walter ist spurlos verschwunden, hat die Daisy vom Franz gehört und der Franz hat das von der Frau Doktor, und die meint, dass der Walter nach Italien ist, weil die Stimmen ihm das eingeredet haben, quasi Flucht. Und jetzt kommt´ s. Der Emil macht das Geisterfernsehen in der alten Villa, und beim Anschauen im Sender huscht der Geist quer durch´ s Bild, und der Jovanni hat mit dem Hubert und der Daisy telefoniert, und die haben dem Jovanni vom Walter erzählt und dass der Walter so merkwürdig aussieht und spurlos nach Italien verschwunden ist, und der Jovanni hat dann dem Emil den Walter genau beschrieben, und der Emil hat dann den Geist mit dem Walter verglichen und die große

Ähnlichkeit festgestellt, quasi hundertprozentiger Walter.

So. Und jetzt fragen sich der Emil, der Jovanni, die Daisy und der Hubert, wie der Walter hundertprozentiger Geist in der alten Villa bei Bibione geworden ist, quasi Spuk, aber der Emil riecht schon die Story: die Veganossi.

Und jetzt der Rostockringo. Ganzkörpertätowiert. Anfang Dreißig. Einen Meter fünfundneunzig. Hooligan. Tätowierte Glatze und ehemaliger Bioladenbesitzer, also Pleite und jetzt Harz 4. Also der Rostock, der ist nämlich wieder solo, weil die Morgana im Nebel ins Hafenbecken ist, und da haben die Taucher lange gesucht und nichts gefunden, und die Zwillinge waren auch mit im Auto, quasi spurlos, und der Rostock hat sich danach gleich zwei neue Tatoos auf den Rücken stechen lassen, einen abstürzenden Eagle und direkt daneben noch den toten Elch, quasi Erinnerung, bevor der Rostock den Hertenhubert angerufen hat, und der Hertenhubert hat dann die Anderen angerufen, und der Rostock hat gesagt, dass er trotzdem nach Bibione will, weil zu viel Trauer bringt nämlich gar nichts.

Und dann ui! Die Lebensversicherung von der Morgana und von den Zwillingen.

Also. Eines Morgens stehen die zwei dicken Anzugsmänner vor der Wohnungstür vom Rostock und klingeln Sturm. Polizeieinsatz, denkt der Rostock. Oder vielleicht alte Nazifreunde, Hooliganfreunde, Sauffreunde usw. Also aufpassen, denkt der Rostock. Der Rostock schleicht also zur Tür und horcht mit dem Ohr. Und dann alter Schwede und ui. Die Stimme vom Einen. Genau die gleiche wie vom Bankdirektor Forchenacker. Klaus Dieter Forchenacker. Das ist genau der, der dem Rostock und der Morgana das ganze Geld, die Rolex und den Lamborghini geschenkt hat. Das war letztes Jahr während der großen weltweiten Börsenhippiephase. Ihr wisst schon. Die knallroten Haare und die nanokleinen Veganossi. Ist natürlich alles fehlinvestiert worden und verjubelt, also spurlos verschwunden, genau so wie die Morgana und die Zwillinge, die sind ja auch im Hafenbecken spurlos verschwunden, quasi tot. Alter Schwede, denkt der Rostock: Der dicke Diddi! Und der Andere ist dann bestimmt der Blaumüller. Otto Blaumüller. Der dicke Otto ist dicker und etwas kleiner als der dicke Diddi. Und der Otto war letztes Jahr der Stellvertreter vom Diddi. Und tatsächlich. Da stehen die Beiden, als der Rostock die Tür aufreißt, und beide haben den schwarzen Koffer am langen Arm. Die Krawatten passen natürlich bei beiden nicht ganz zum Anzug aber sonst: *men in black*. Und nachdem sich alle in der kleinen Küche gesetzt haben, verraten der Diddi und der Otto dem Rostock, dass sie beide nach dem jähen Ende der Börsenhippiephase gleichzeitig letztes Jahr aus der Bank geflogen sind und jetzt bei der Versicherung arbeiten, quasi beide Vertreter. So. Und jetzt pass auf! Der Diddi öffnet den Koffer und gibt dem Rostock das Formular. Und nachdem der Rostock sehr zögerlich dann doch seine Unterschrift darunter gesetzt hat, gibt der Diddi dem Rostock den Scheck. Einskommaacht Millionen Euro! Die Lebensversicherung von der Morgana und den Zwillingen. Und dann öffnet der dicke Otto den Koffer und stellt die zwei Flaschen Schampus auf den schmalen Küchentisch. Alter Schwede, denkt der Rostock und holt Gläser.

Der Kaftanfreddy ist immer der Erste. Und vorher immer zuerst Marokko, also Sonne, Sand und die großen Palmen usw., denn mit dem Jumbo ist für den Kaftan doch überall Heimat, Hauptsache Süden, und danach landet der Kaftan mit dem Jumbo punktgenau als Allererster auf dem Campingplatz in Bibione. Da sitzt der Ingo1 mindestens noch eine Woche im Führerhaus seines Kieslasters, und der Ingo2 steht am Schredder im Zementwerk. Aber dieses Jahr läuft die Sache ganz anders. Das Kaftanjumbowohnmobil hat in Marokko einen *accident* mit einem Datsun Pick Up, und den fährt der Beduine, und auf der Ladefläche stehen die fünf Esel, und jeder Esel schaut während der Fahrt in eine andere Richtung, also mal so und dann wieder so, und der Beduine fährt mit dem linken Vorderrad mit Vollgas in das Schlagloch, und der Kaftan kann den Jumbo nicht mehr notlanden, quasi Vollbremsung unmöglich, also stoßen der Beduine mit dem uralten Datsun und der Kaftan mit dem Jumbo frontal zusammen, und die Esel heben vom alten Datsunflugplatz ab, fliegen alle gemeinsam über den Jumbo vom Kaftan hinweg, und dann landen sie wegen Triebwerksproblemen ganz hart auf der Holperstraße hinter dem Jumbo not, und solche Notlandungen überlebt kein Esel, der Datsunbeduine hat natürlich überlebt, denn der ist vor dem Aufprall rausgesprungen und relativ weich in einer Sanddüne am Straßenrand gelandet, und der Kaftan sitzt im eingedrückten Cockpit vom havarierten Jumbo, quasi Schockstarre und blaue Flecken. So. Und jetzt sitzt der Datsunesel auf der Düne und ruft mit dem Handy die *wüsten Söhne* an, und die kommen sofort mit fünf Jeeps angefahren, und auf jedem Jeep ist die große Maschinenkanone montiert. Der Kaftan sieht die *wüsten Söhne* natürlich schon von Weiten anrücken, und das heißt für den Kaftan nix wie raus aus der hinteren Seitentür, und der Datsunesel bleibt auf der Düne sitzen und merkt gar nichts. Der Kaftan zieht die vollgetankte Maschine aus der Jumbogarage, wirft sich den Rucksack über die Schultern, und dann schnell anlassen und nix wie weg, und im Rückspiegel kann der Kaftan noch sehen, wie die *wüsten Söhne* den Jumbo in Brand schießen, und dass der Kaftan dieses Jahr auf dem Camping Letzter wird ist klar, quasi umgekehrte Bibione Dakar…